Die Pilzküche

blv

Beliebte Arten | Feine Rezepte

HELMUT GRÜNERT
RENATE GRÜNERT

Was Sie in diesem Buch finden

Einführung

Feine Pilzrezepte

Beliebte Speisepilze

Anhang

Pilze

Bei dem Wort ›Pilze‹ denkt man in erster Linie an die vielgestaltigen und farbigen Gewächse in Wald und Flur. Kulinarische Genüsse, aber auch Vergiftungsängste werden mit dem Wort in Verbindung gebracht.

Leibspeise der Kaiser

Vermutlich haben bereits die Menschen der Vorzeit Pilze als Nahrung gesucht oder zum Feuermachen verwendet. In einigen steinzeitlichen Pfahlbausiedlungen in Europa fanden Archäologen Reste von Bovisten und Feuerschwämmen. Der Gletschermann, auch Ötzi genannt, trug einen Birkenporling bei sich.
Im 2. Jh. v. Chr. wurde von den Griechen erstmals das Wort ›mykes‹ erwähnt, das Pilz bedeutet. Später lobten die Herrscher Roms den ausgezeichneten Geschmack der Pilze. Zahlreiche Rezepte und Aufzeichnungen sind uns aus dieser Zeit überliefert. Ein Dichter schrieb damals: »Silber und Gold und die Freuden der Liebe kann man entbehren, aber es ist schwer, auf Pilze zu verzichten.« Aber auch die Giftwirkung mancher Pilze war schon damals bekannt. Kaiser Claudius ist ein prominentes Mordopfer der damaligen Zeit. Er starb nach dem Genuss eines heimtückisch zubereiteten Pilzgerichtes.

Pflanzen oder Tiere?

Schon durch das Fehlen von Blattgrün unterscheiden sich die Pilze ganz grundlegend von den meisten Pflanzen. Sie können nicht mit Hilfe des Sonnenlichts aus den anorganischen Grundbausteinen Kohlendioxyd und Wasser eigene Aufbaustoffe produzieren; sie haben also keinerlei foto-

Heute stehen die Pilze gleichrangig neben Pflanzen und Tieren in einem eigenen Reich. Aufgrund der Zellstruktur, der biochemischen Beschaffenheit und der Lebensweise scheint diese Ordnung gerechtfertigt.
Foto: Dunkler Hallimasch

synthetische Fähigkeiten und ernähren sich, ganz wie die Tiere und auch der Mensch, von organischen Stoffen.
Echte Pilze bestehen aus Einzelzellen oder Zellverbänden und bilden ein fädiges, meist weißlich bis gelblich gefärbtes Pilzgeflecht, das sogenannte ›Myzel‹. Die Zellwände werden hauptsächlich aus Chitin gebildet. Dieser Baustoff tritt aber niemals bei Pflanzen auf; nur im Tierreich dient er beispielsweise den Insekten zum Bau ihres Skeletts.

Pilze sind fast überall zu finden. Wir werden erst auf sie aufmerksam, wenn sie größere Fruchtkörper bilden oder aber wenn ein Schimmel unsere Marmelade oder Brot überzieht.
Foto: Parasol

Die Früchte des Waldbodens

Was wir in Wald und Flur als Pilz bezeichnen, beobachten und sammeln können, ist im Allgemeinen nur der Fruchtkörper eines Pilzorganismus. Das Myzel, das diesen Fruchtkörper hervorbringt, lebt unterirdisch, im Boden und Holz oder in irgendeinem anderen Substrat, von dem es sich ernährt. Das Myzel bildet aber nicht zu jeder Zeit Fruchtkörper. Es braucht dazu entsprechende Wachstumsbedingungen, so z. B. bestimmte Temperaturen und ausreichend Boden- und Luftfeuchtigkeit. Manche Pilzarten können daher auch jahrelang unsichtbar bleiben, um bei passenden klimatischen Bedingungen wieder aufzutauchen.
Die Form der Pilzfruchtkörper ist äußerst variabel. Beispielsweise erscheint bei den Hutpilzen zuerst ein kleiner Hut, der sich im Laufe des Wachstums ausbreitet. Unter dem schützenden Schirm sitzt das Fruchtlager. Es ist vielgestaltig und kann röhrig, porig oder stachelartig, lamellen- oder leistenförmig, aber auch glatt erscheinen. Aus diesen unterschiedlich angelegten Fruchtlagern kann man Merkmale zur Einteilung und Bestimmung einzelner Gruppen von Pilzen ableiten.

Erfolgreiche Partnerschaft – ein Geben und Nehmen

Im Stoffwechsel der Natur spielen Pilze eine sehr wichtige Rolle: Sie sind an vielen Umsetzungs- und Abbauprozessen beteiligt, z.B. von totem Holz. Eine besonders interessante Ernährungsform demonstrieren die symbiotischen Pilze. Dazu gehören beispielsweise die Mykorrhiza bildenden Arten, die meist mit ganz bestimmten Pflanzen zusammenleben und dementsprechend auch nur in deren Nähe gefunden werden können, wie beispielsweise der Birkenpilz (S. 80) unter Birken. Die Mykorrhiza-Pilze werden von den Pflanzen mit energiereichen Kohlehydraten, beispielsweise mit Zucker versorgt, im Gegenzug übernehmen sie die Funktion der feinen Wurzelhärchen und liefern Wasser und Nährsalze an den Symbiosepartner. Weder Pilz noch Pflanze können auf Dauer allein überleben.

Pilze in der Küche

Nicht erst in der heutigen Zeit weiß man Pilze als Nahrungsmittel zu schätzen. Die schmackhaften Gewächse dienten schon seit Urzeiten als wichtige Eiweißquelle vieler Menschen. Das Aroma und die intensiven Geschmackskomponenten mancher Pilzarten sind für viele ein Genuss.

Ihr Wert als Nahrungs- und Genussmittel

In der Küche sollten nur einwandfrei bestimmte und qualitativ hochwertige, frische Pilze zubereitet werden. Die Behandlung und Verarbeitung ist bei Wild- oder Zuchtpilzen gleich.

Frischpilze bestehen zu 85–95 % aus Wasser. Der durchschnittliche Fettgehalt von etwa 0,5 % liegt deutlich unter dem von Fleisch, Fisch oder Eiern. Der Eiweißgehalt ist dagegen höher als der von vielen Gemüsesorten. Pilze enthalten viele Vitamine, der Vitamin-C-Gehalt ist jedoch gering.

Die chitinhaltigen Zellwände der Pilze sind allerdings von unserem Verdauungssystem nur schwer zu verwerten. Dadurch können die Inhaltsstoffe der Zellen für unseren Organismus nicht vollständig erschlossen werden – machen aber auch nicht dick. Auf jeden Fall sollten Sie aber Pilze (mit Ausnahme von Champignons) stets sorgfältig garen.

Es gibt zahlreiche Zuchtpilzarten, so beispielsweise den Austernseitling (S. 92), Champignonarten wie den Braunen Zuchtergerling (S. 86), den Riesenträuschling (S. 91) oder den Shiitake (S. 93), die unseren Wildpilzen in Aroma und Geschmack in nichts nachstehen. In Zuchtpilzen sind fast keine umweltbedingten Giftstoffe und Schwermetalle enthalten und sie sind im Handel fast überall erhältlich.

Jeder einzelne Pilz muss gereinigt werden. Wenn möglich wird die Huthaut abgezogen, unansehnliche Fraß- oder Larvenstellen weggeschnitten; anschließend teilt man die Pilze der Länge nach.

Pilze säubern und zubereiten

Die richtige Behandlung der Pilze in der Küche ist wichtig für das Gelingen eines Pilzgerichts. Sollten die küchenfertig vorbereiteten Pilze vorerst nicht weiter verarbeitet werden, so können sie kühl, beispielsweise im Kühlschrank oder an einem anderen kühlen Ort, bis zum nächsten Tag gelagert werden. Ob Pilze über Nacht lagerfähig sind, hängt allerdings von der Art, dem Alter und dem Zustand ab. Regennasse, vollgesogene Pilze sollte man nicht zu lange liegen lassen; die enthaltenen Mikroorganismen vermehren sich rasch. Diese Pilze eignen sich auch nicht zum Trocknen.

Bei sauberen Pilzen sollte man auf das Waschen verzichten. Im Hinblick auf eine Kontamination der Wildpilze mit den Eiern des Fuchsbandwurms kann man aber damit die Infektionsgefahr mindern. Wenn nötig wäscht man Pilze ganz oder in halbiertem Zustand kurz unter fließendem Wasser.

Junge, feste Steinpilze können in Essig und Öl konserviert werden. Sie eignen sich so als Beilage zu verschiedenen Gerichten oder beispielsweise zu kalten Platten.

Ob starke Gewürze Verwendung finden, hängt vom individuellen Geschmack ab. Knoblauch übertönt aber das feine Eigenaroma der Pilze! In der Regel reichen Butter, Petersilie, Zwiebeln, Salz und ein wenig Pfeffer aus.

Aufbewahren, Einfrieren und Trocknen

Fertige Pilzgerichte können nach dem Erkalten bis zum nächsten Tag im Kühlschrank aufbewahrt und nochmals erhitzt als Pilzmahlzeit verwendet werden. Geputzte und geschnittene Pilze kann man blanchiert oder fertig zubereitet einfrieren. Zum Blanchieren gibt man die Pilze 4–5 Minuten in kochendes Wasser; je fester die Pilze, desto länger die Kochzeit. Anschließend schreckt man sie ab und lässt sie abtropfen. Nach dem Erkalten werden sie in möglichst flache Gefäße oder besser in Gefrierbeutel, die sich gut in eine flache Form bringen lassen, gefüllt und schockgefroren. Pilze sind so mehrere Monate haltbar.
Zum Trocknen sollten nur relativ festfleischige und keine überwässerten Exemplare Verwendung finden. Die dünnen Pilzscheiben werden auf ein Drahtgitter oder Papier ausgebreitet und an der Luft getrocknet. Besonders effektiv sind aus mehreren Sieben bestehende, thermostatisch gesteuerte Trockengeräte.
Getrocknete Pilze werden am Besten in Schraubgläser gefüllt und aufbewahrt. Man kann sie zu Pulver zermahlen und teelöffelweise in Suppen oder Soßen als Würze einstreuen.

Getrocknete Pilze werden am Besten in luftdichten Gläsern aufbewahrt. Vor der weiteren Verwendung sollten sie einige Zeit in etwas Wasser eingeweicht werden.

Pilze sammeln und bestimmen

Pilze sammeln war früher für viele eine Notwendigkeit; heute ist es fast ein Volkssport. Die Jagd auf die Pilze mit Messer und Korb und die Freude auf eine delikate Pilzmahlzeit lassen die Herzen höher schlagen. Für Kinder ist das Entdecken eines Pilzes ein besonderes Erlebnis. Zudem fördert die Bewegung an der frischen Luft auch die Gesundheit der Eltern.

Das richtige Handwerkszeug

Das richtige Sammelgefäß ist sehr wichtig. Ein Plastikbeutel ist denkbar ungeeignet; die geernteten Pilze leben weiter und in einem Plastikbeutel kann die von den Pilzen abgegebene Feuchtigkeit nicht entweichen. Zersetzungsprozesse werden beschleunigt! Stoffbeutel sind eine Notlösung und nur für festfleischige Pilze, beispielsweise Röhrlinge, geeignet. Dagegen erfüllt ein Spankorb alle Anforderungen; er ist luftdurchlässig, die Pilze lassen sich darin gut sortieren und werden durch das darüber liegende Sammelgut nicht so schnell zerdrückt.

Ein ideal gefüllter Sammelkorb: Die gesunden, festen Steinpilze liegen unten und ein großer, zartfleischiger Riesenschirmpilz liegt obenauf.

Welche Pilze sammeln und wie?

Wer nur an Speisepilzen interessiert ist, muss den Grundsatz beherzigen: **Nur die Pilze ernten, die man einwandfrei erkannt hat.**

Da heute niemand mehr auf Pilze als hungerstillendes Nahrungsmittel angewiesen ist, sollten nur einwandfreie Fundstücke in den Sammelkorb wandern. Schon aus Rücksicht auf die ökologischen Aufgaben der Pilze im Naturhaushalt verzichtet man darauf, zu junge, alte, überreife und angegammelte Exemplare mitzunehmen.

Der Speisepilzsammler schneidet die Pilze, die er einwandfrei kennt, mit einem Messer dicht über den Boden ab. Röhrlinge können behutsam aus dem Boden herausgedreht werden, die Entnahmestelle wird mit der umgebenen Streu zugedeckt, um ein Austrocknen zu verhindern. Anschließend werden die geernteten Pilze gesäubert und auf Larvenfraß hin untersucht.

Pilze werden bereits nach der Entnahme aus dem Waldboden vom anhaftenden Schmutz befreit. Tipp: Steinpilzstiele anschneiden und auf Madenbefall kontrollieren.

Pilzbestimmung

Die in diesem Buch dargestellten Speisepilze können, wenn man auf die entsprechenden Merkmale achtet, einwandfrei bestimmt werden. Verwechslungen mit anderen und giftigen Arten beruhen auf Nachlässigkeiten bei der Bestimmungsarbeit. Für Pilzfreunde, die tiefer in die Materie einsteigen und auch andere als in diesem Buch beschriebene Arten sammeln möchten, gibt es zahlreiche weiterführende Pilzbestimmungsbücher.

Um eine grobe Vorsortierung der Arten vorzunehmen und damit das Bestimmen mit diesem Buch zu erleichtern, wurden die Pilzarten **drei großen Gruppen** zugeordnet. Diese vorgenommene Einteilung weicht von der natürlichen und wissenschaftlich begründeten Ordnung ab. Sie benutzt Merkmale des Fruchtlagers auf der Unterseite des Hutes bzw. auf der Pilzoberfläche (vgl. S. 7). So entstanden auch für den Laien drei leicht zu erkennende Gruppen:

Röhrlinge

Pilze mit einer Röhrenschicht unter dem Hut (S. 75–82).

Lamellenpilze

Pilze mit Lamellen oder Blättern unter dem Hut (S. 83–97).

Andere

Pilze mit Leisten, Adern oder Stacheln unter dem Hut oder Pilze mit einer glatten, lappig gewundenen, kammerartigen oder irgendwie warzigen Außenseite (S. 98–107).

Vorspeisen & kleine Mahlzeiten

Pilze verleihen Vorspeisen und kleinen Mahlzeiten eine besondere Note und sind eine willkommene Abwechslung in der Küche. Die meisten Rezepte sind schnell zubereitet oder können sehr gut vorbereitet werden. Sie sind auch hervorragend geeignet, wenn die Pilzpirsch einmal nicht so erfolgreich verlaufen ist und nur einige wenige Fruchtkörper vorhanden sind.

Pilzquiche

mit Lauch und Käse

1 Für den Teig das Mehl in eine Schüssel geben, kräftig mit Salz und Pfeffer würzen. Die Butter in kleinen Stückchen zugeben und mit der Teigkarte unterhacken.

2 Zum Schluss das Ei zugeben und alles rasch zu einem glatten Teig verkneten und diesen mindestens 30 Minuten kühlen.

3 Zwischenzeitlich die Zwiebel in feine Würfel schneiden. Die Pilze putzen, in mundgerechte Stücke schneiden und mit etwas Zitronensaft beträufeln.

4 Den Lauch waschen, putzen und in Ringe schneiden. Die Petersilie fein hacken.

5 Die Butter schmelzen, die Zwiebelwürfel andünsten, den Lauch und die Pilze zufügen und alles bei mittlerer Hitze ca. 5 Minuten dünsten. Mit Salz und Pfeffer kräftig abschmecken und die Petersilie untermischen.

6 Den Backofen auf 180 °C (Umluft) vorheizen. Eine Springform etwas einfetten oder mit Backpapier auslegen.

7 Den Teig ausrollen, die Form damit auslegen und einen ca. 3 cm hohen Rand formen. Etwas Pergamentpapier in Springformgröße ausschneiden, auf den Teig legen und mit Hülsenfrüchten bedecken. Im Ofen 10 Minuten vorbacken.

8 Währenddessen die Sahne mit den Eiern verquirlen, den Käse untermischen und mit Muskat, Salz und Pfeffer würzen.

9 Den Boden aus dem Backofen nehmen, die Hülsenfrüchte und Papier entfernen und die Pilzmischung auf dem Teig verteilen.

10 Die Eiersahne darüber gießen und die Quiche in 20–30 Minuten goldbraun fertig backen.

TIPP: Dazu passen frischer Weißwein und verschiedene Blattsalate.

Zutaten:

Für 1 Springform, 26 cm Durchmesser bzw. für 8 Stücke

Für den Teig:
250 g Mehl
Salz
Pfeffer, aus der Mühle
125 g Butter
1 Ei

Für den Belag:
1 Zwiebel
750 g gemischte Pilze, z. B. Champignons, Egerlinge, Austernpilze
1 EL Zitronensaft
1 Stange Lauch
½ Bund Petersilie
3–4 EL Butter
Salz, Muskat
Pfeffer, aus der Mühle
200 ml Schlagsahne
4 Eier
100 g geriebener Käse, z. B. Greyerzer, Tilsiter

Außerdem:
Getrocknete Hülsenfrüchte, zum Blindbacken

Geeignete Pilze:
Champignons S. 86–87
Austernpilze S. 92

Frischkäsekuchen

mit Pfifferlingen und Schnittlauch

Zutaten:
Für 1 Springform, 24 cm Durchmesser

Für den Boden:
100 g Butter
200 g Knäckebrot, Vollkorn
2 EL Walnüsse
30 g alter Gouda

Für den Belag:
250 g Pfifferlinge
10 Blatt Gelatine
400 g Frischkäse
200 ml Sauerrahm
200 ml Schlagsahne
½ Zitrone, unbehandelt
½ Bund Schnittlauch
Salz
Pfeffer, aus der Mühle

Für die Garnitur:
½ Bund Schnittlauch

Geeignete Pilze:
Pfifferlinge S. 98

1 Für den Kuchen eine Springform mit Backpapier auslegen oder einen Tortenring auf eine Kuchenplatte stellen.

2 Für den Boden die Butter schmelzen. Das Knäckebrot zerbröseln (im Gefrierbeutel mit der Teigrolle), die Walnüsse hacken und den Käse reiben

3 Die flüssige Butter mit den anderen Zutaten mischen und die Masse als Boden in die Form bzw. den Ring drücken. Im Kühlschrank fest werden lassen.

4 Inzwischen für den Belag die Pfifferlinge waschen, putzen und in kleine Stücke schneiden; gut abtropfen lassen.

5 Die Gelatine in kaltem Wasser einweichen.

6 Den Frischkäse mit Sauerrahm, Schlagsahne und etwas abgeriebener Zitronenschale gut verrühren. Den Schnittlauch fein schneiden, unterrühren und die Masse mit Salz und Pfeffer kräftig würzen.

7 Die Gelatine ausdrücken, unter Rühren bei milder Hitze auflösen, 2–3 EL Frischkäsemasse gut einrühren. Diese Masse nach und nach kräftig unter die restliche Frischkäsemasse rühren.

8 Die Pilze vorsichtig unter die Frischkäsemasse heben und anschließend alles auf dem Boden verteilen. Den Kuchen glatt streichen und in ca. 3 Stunden im Kühlschrank fest werden lassen.

9 Vor dem Servieren den restlichen Schnittlauch in feine Röllchen schneiden und die Torte damit bestreuen.

TIPP: Dazu passen Weißwein und frischer Salat. Die Pilze können vorher auch etwas angedünstet werden, abkühlen lassen und die Pilze wie im Rezept weiterverarbeiten.

Pastetchen

mit Morcheln und Kalbsbriesragout

Zutaten:

Für 4 Personen

50 g Morcheln, getrocknet
8 Stück Pastetchen (Fertigprodukt)

Für das Ragout:

400 g Kalbsbries
375 ml Gemüsebrühe
½ Zwiebel
½ Karotte
1 Frühlingszwiebel
2 EL Butter
2 EL trockener Weißwein
1 EL Madeira
3 EL Gemüsebrühe
250 ml Schlagsahne
Salz
Pfeffer, aus der Mühle
Muskat
2 EL Crème fraîche
1 TL frischer Majoran
1 TL frischer Estragon

Geeignete Pilze:

Spitzmorchel S. 105
Speisemorchel S. 104
Pfifferlinge S. 98
Champignons S. 86–87

1 Die Morcheln über Nacht in lauwarmem Wasser einweichen.

2 Für das Ragout in einem Topf die Brühe erhitzen, das Bries in die kochende Flüssigkeit einlegen und 10 Minuten ziehen lassen; abtropfen und erkalten lassen.

3 Die Morcheln in Stücke schneiden. Die Zwiebel und Karotte fein würfeln, die Frühlingszwiebel der Länge nach halbieren und in kleine Stücke schneiden.

4 Die Butter schmelzen und Zwiebel, Karotte und Frühlingszwiebel darin andünsten.

5 Die Pilze zugeben, mit Wein und Brühe ablöschen. Die Flüssigkeit auf mittlerer Hitze verdampfen lassen, die Sahne angießen und mild mit Salz, Pfeffer und Muskat würzen. Das Ganze unter öfterem Rühren sämig kochen lassen.

6 Inzwischen das Bries von Häuten und Blutgefäßen befreien, in knapp 1 cm dicke Scheiben schneiden, in die Soße einlegen und auf kleiner Hitze ca. 5 Minuten ziehen lassen.

7 Das Ragout mit Crème fraîche abrunden, nochmals abschmecken und die Kräuter zugeben. Danach in die Pastetchen füllen und rasch servieren.

Gebratene Krause Glucke

auf Rührei

Zutaten:

Für 4 Personen

½–1 Stangenweißbrot

400 g Krause Glucke

8 Eier

Salz

Pfeffer, aus der Mühle

½ Zwiebel

½ Bund Schnittlauch

Butterschmalz, zum Ausbacken

Petersilie, zum Garnieren

Geeignete Pilze:
Krause Glucke S. 102

1 Den Backofen auf 200 °C vorheizen.

2 Das Stangenweißbrot in gleichmäßige Scheiben schneiden und diese auf ein Backblech legen und im Backofen von beiden Seiten anbräunen.

3 Inzwischen die Eier verquirlen, mit Salz und Pfeffer würzen. Die Zwiebel in sehr feine Würfel, den Schnittlauch in feine Röllchen schneiden und unter die Eimasse rühren.

4 Die Krause Glucke putzen und in Portionsstücke teilen.

5 Zwei Pfannen erhitzen, jeweils etwas Butterschmalz schmelzen lassen und in einer den Pilz, in der anderen das Rührei unter mehrmaligem Wenden in 5–10 Minuten garen.

6 Das Rührei gleichmäßig auf den Brotscheiben verteilen, die Krause Glucke noch würzen und auf das Rührei geben. Alles mit gezupfter Petersilie garnieren.

TIPP: Dazu passt Salat und Weißwein. Der Pilz muss sehr sorgfältig gesäubert werden.

Kräutersalat

mit Austernpilzen und Kürbiskernen

Zutaten:
Für 4 Personen
Für den Salat:
100 g Feldsalat
100 g gemischte Wildkräuter, z. B. Rucola, junger Löwenzahn, Brunnenkresse, Sauerampfer, Bärlauch
100 g Schnittsalat
300 g Austernpilze
2–3 EL Olivenöl

Für die Marinade:
5 EL Weißweinessig
½ TL Senf
1 TL Zucker
Salz
Pfeffer, aus der Mühle
4–6 EL Keimöl

Zum Bestreuen:
2 EL Schnittlauchröllchen
4 EL Kürbiskerne

Geeignete Pilze:
Austernpilze S. 92
Champignon S. 86–87

1 Die Kürbiskerne zum Bestreuen in einer Pfanne ohne Fett anrösten.

2 Für den Salat den Feldsalat, die Kräuter und den Schnittsalat putzen, sehr gründlich waschen und alles in mundgerechte Stücke zupfen. Den Salat auf vier Tellern anrichten.

3 Die Austernpilze putzen, in mundgerechte Stücke schneiden und in heißem Olivenöl rasch anbraten.

4 Inzwischen für die Marinade Essig, Senf, Zucker, Salz und Pfeffer verrühren und das Keimöl unterschlagen. Die Marinade auf den Salat träufeln und die Austernpilze verteilen.

5 Den Salat mit den Kürbiskernen und dem Schnittlauch bestreuen.

TIPP: Dazu passt ein kräftiger Weißwein und Weißbrot.

Ofengebackene Birkenpilze

mit Madeira

Zutaten:

Für 4 Personen

800–1000 g Birkenpilze, ersatzweise Steinpilze
1–2 Schalotten
Salz
Pfeffer, frisch gemahlen
2 Stängel Thymian
2–3 EL Olivenöl
50–100 ml Madeirawein

Für die Garnitur:
etwas Petersilie

Geeignete Pilze:
Birkenpilze S. 80
Steinpilze S. 75–77
Rotkappen S. 81

1 Den Backofen auf Grillen einstellen und vorheizen.

2 Eine flache Auflaufform einfetten.

3 Die Pilze putzen und in mundgerechte Stücke schneiden, die Schalotten schälen und fein würfeln, kräftig mit Salz und Pfeffer würzen und die Thymianblättchen abzupfen und zugeben.

4 Das Olivenöl untermengen. Alles flach in die Auflaufform füllen und in den Backofen schieben.

5 Die Pilze immer wieder durchmischen. Wenn sie beginnen, leicht Farbe zu nehmen, mit dem Madeira ablöschen und weiter in 10 bis 20 Minuten bis zum gewünschten Bräunungsgrad garen lassen.

6 Zum Schluss die Pilze mit Petersilie bestreuen und servieren.

TIPP: Dazu passt ein kräftiger Rotwein und rustikales Weißbrot. Es eignen sich auch andere Röhrlingsarten für dieses Gericht.

Omelett

mit Pfifferlingen

Zutaten:

Für 4 Personen

Für die Füllung:
1 Zwiebel
3–4 Stängel Petersilie
300 g Pfifferlinge
2–3 EL Butterschmalz
Salz
Pfeffer, aus der Mühle

Für die Omelettes:
8 frische Eier
Salz
1–2 EL Mehl
Butterschmalz, zum Ausbacken

Für die Garnitur:
etwas Petersilie

Geeignete Pilze:
Pfifferlinge S. 98–99
Maronenröhrlinge S. 79
Steinpilze S. 75–77

1 Den Backofen auf 100 °C zum Warmstellen heizen.

2 Für die Pfifferlinge die Zwiebel schälen, fein würfeln und die Petersilie fein schneiden. Die Pfifferlinge putzen, je nach Größe halbieren.

3 Das Butterschmalz erhitzen, Zwiebel und Petersilie darin kurz leicht andünsten und die Pfifferlinge zugeben. Bei mittlerer Hitze 5–10 Minuten garen lassen; evtl. noch kurz warmstellen.

4 Für die Omelettes eine flache Pfanne mit etwas Butterschmalz erhitzen. Die Eier mit Salz und Mehl verquirlen, nacheinander vier Omelettes ausbacken.

5 Die Omelettes möglichst sofort mit den Pilzen füllen, zusammenklappen und mit Petersilie garniert servieren.

6 Wenn mit zwei Pfannen gearbeitet wird, kommen die Omelettes frischer auf den Tisch.

TIPP: Dazu passt Weißwein und Salat. Dieses Gericht kann auch sehr gut mit Mischpilzen zubereitet werden.

Feldsalat

mit Champignons

Zutaten:

Für 4 Personen

Für den Salat:

300 g Feldsalat
150 g Champignons
50 g geschälte Walnüsse

Für die Marinade:

1 EL Walnussöl
2–3 EL Olivenöl
4–5 EL Weißweinessig
Salz, ½ TL Zucker
Pfeffer, aus der Mühle

Geeignete Pilze :
Champignons S. 86–87

1 Für den Salat den Feldsalat putzen, waschen und trocken schleudern.

2 Die Champignons putzen und in Scheiben schneiden. Die Walnüsse kleiner brechen oder hacken. Den Feldsalat mit Champignons und Walnüssen auf Tellern anrichten.

3 Für die Marinade die Öle mit dem Essig gut verrühren und mit Salz, Pfeffer und Zucker abschmecken. Anschließend den Salat damit beträufeln.

TIPP: Dazu passt Weißwein und Weißbrot. Die Pilze können auch leicht angedünstet werden und etwas abgekühlt über den Salat verteilt werden.

Spiegelei

mit Totentrompeten

1 Für die Sauce die Schalotte schälen und fein hacken. In heißer Butter anschwitzen und mit dem Weißwein ablöschen.

2 Aufkochen lassen, die Sahne zufügen, einige Minuten köcheln lassen und mit dem Stabmixer fein pürieren.

3 Mit dem Meerrettich und Salz abschmecken.

4 Die Petersilie waschen, trocken tupfen und die Blättchen abzupfen. In heißem Öl kurz frittieren und auf Küchenkrepp abtropfen lassen.

5 Die Pilze putzen und nach Bedarf klein zupfen. In 1 EL heißer Butter 3–5 Minuten braten und mit Salz und Pfeffer würzen.

6 Aus den Eiern in der restlichen Butter Spiegeleier braten. Mit der Sauce und den Pilzen auf Tellern anrichten und mit der Petersilie bestreut servieren.

TIPP: Dazu passt frischer Weißwein und rustikales Weißbrot.

Zutaten:

Für 4 Personen

Für die Sauce:

1 Schalotte
1 EL Butter
1 Schuss trockener Weißwein
150 ml Sahne
1–2 TL Meerrettich, Glas
Salz

Außerdem:

1 Handvoll Petersilie
Öl, zum Frittieren
150 g Totentrompeten
2 EL Butter
4 Eier
Pfeffer, aus der Mühle
Salz

Geeignete Pilze:
Totentrompeten S. 99

Beilagen

Pilze als Beilagen werten jedes Gericht auf. Sie passen wunderbar zu allen Nudel- oder Reisgerichten sowie zu Kartoffeln. Man kann sie auch einfach nur mit Weißbrot oder knusprigem Toast genießen. Pilze entwickeln ihren Eigengeschmack am besten, wenn sie nur mit Salz und Pfeffer sowie mit Petersilie gewürzt werden.

Gebackene Parasolhüte

1 Die Parasolhüte putzen und eventuell halbieren oder vierteln.

2 Die Eier in einem flachen Gefäß mit Salz und Pfeffer verquirlen. Die Semmelbrösel in einen flachen Teller geben.

3 In einer großen Pfanne reichlich Ausbackfett erhitzen.

4 Die Pilze zuerst in Ei, dann in den Semmelbrösel wenden. Die Panade leicht andrücken.

5 Die Pilze von allen Seiten goldgelb backen. Auf einem Küchentuch abtropfen lassen und sofort servieren.

TIPP: Dazu passt ein würziger Dip oder auch ein leichter Kartoffelsalat ohne Mayonnaise. Dieser Pilz eignet sich am besten für diese Art von Zubereitung.

Zutaten:

Für 4 Personen

500 g Parasolhüte

3–4 Eier

150–200 g Semmelbrösel

Fett, zum Ausbacken

Geeignete Pilze:
Parasol S. 84

Gebratene Steinpilze

mit Kräuteröl

Zutaten:

Für 4 Personen

300–400 g Steinpilze
1–2 Zwiebeln
1 Knoblauchzehe
½ Bund Petersilie
etwas Schnittlauch
Olivenöl, zum Anbraten
Salz
Pfeffer, aus der Mühle

Geeignete Pilze:

Steinpilze S. 75–77
Maronenröhrling S. 79
Champignons S. 86–87

1 Die Steinpilze putzen und in Scheiben schneiden.

2 Die Zwiebeln und Knoblauch schälen und in feinste Würfel schneiden. Die Kräuter fein schneiden. Alles zusammen mit den Pilzen leicht vermengen.

3 Etwas Olivenöl in einer großen Pfanne erhitzen und die Pilzmischung unter Wenden darin 4–5 Minuten leicht anbräunen.

4 Die gebratenen Pilze würzen und warm servieren.

TIPP: Dazu passt Weißbrot, Gegrilltes und Wein. Dieses Gericht kann auch mit anderen festfleischigen Pilzen zubereitet werden.

Gefüllte gratinierte Fleischtomaten

Zutaten:

Für 4 Personen
8 Fleischtomaten

Für die Füllung:
200 g Langkornreis
Salz
1 Zwiebel
50 g Speck
100–150 g Shiitakepilze
2–3 Frühlingszwiebeln
Butterschmalz, zum Anbraten
Pfeffer, aus der Mühle
1 Bund gemischte Kräuter, z. B. Schnittlauch, Petersilie, Salbei, Oregano
1 Knoblauchzehe
100 g Ricotta
50 g geriebener Parmesan, wahlweise Pecorino
2 Eier
100 g Reibkäse, z. B. Emmentaler, Gouda
Fett, für die Form

Geeignete Pilze:
Shiitakepilze S. 93
Champignons S. 86–87

1 Für die Füllung den Reis in Salzwasser kochen und abseihen.

2 Den Backofen auf 200 °C (Umluft) vorheizen. Eine Auflaufform ausfetten.

3 Inzwischen die Zwiebel und den Speck fein würfeln. Die Pilze putzen und würfeln. Die Frühlingszwiebeln putzen und in feine Ringe schneiden.

4 Das Butterschmalz erhitzen, den Speck etwas auslassen, dann die Zwiebeln und Pilze zugeben und etwas anbräunen. Die Frühlingszwiebeln zugeben. Alles durchmischen und kräftig mit Salz und Pfeffer würzen.

5 Die Kräuter und die Knoblauchzehe putzen und fein hacken.

6 Die Fleischtomaten waschen, Deckel abschneiden und mit einem Esslöffel aushöhlen.

7 Das ausgelöste Innere mit den Kräutern zum Reis geben, Pilzmischung, Ricotta, Parmesan und Eier untermengen und alles nochmals kräftig würzen.

8 Die Tomaten in die Auflaufform stellen, füllen, mit Reibkäse bestreuen und in ca. 20 Minuten goldbraun überbacken.

Steinpilzhüte

auf italienische Art

1 Die Pilzhüte abschneiden, putzen und mit einem Küchenkrepp abreiben. Die großen an den Köpfen etwas einschneiden oder grob zerteilen.

2 Die Knoblauchzehen schälen und grob hacken. Die Thymianblättchen von den Stielen streifen.

3 Die Butter und das Öl in einer großen Pfanne erhitzen und die Knoblauchstücke leicht anbraten.

4 Die Pilze hineinlegen und mit Thymian bestreuen. Auf beiden Seiten ca. 4–5 Minuten anbraten, mit Salz und Pfeffer würzen.

TIPP: Dazu passt Stangenweißbrot, gegrilltes Fleisch oder Gemüse und Rotwein.

Zutaten:

Für 4 Personen

500–600 g frische Steinpilze
3 EL Butter
2 EL Olivenöl
1 Knoblauchzehe
2–3 Zweige frisch geernteter Thymian
Salz
Pfeffer, aus der Mühle

Geeignete Pilze:
Steinpilze S. 75–77

Pilzauflauf

mit Butterröhrlingen

Zutaten:

Für 4 Personen

- 50 g Speck
- 1 Zwiebel
- 500 g Butterröhrlinge
- Butterschmalz, zum Anbraten
- 3 Zweige Thymian
- 2 EL trockener Weißwein
- Salz
- Pfeffer, aus der Mühle
- 150 ml Crème fraîche
- 1 Eigelb
- 50–100 g würziger Käse, z. B. Almkäse, Greyerzer
- 2 EL Semmelbrösel
- 2 EL Walnüsse
- Fett, für die Auflaufform

Geeignete Pilze:

Butterpilze S. 82

Maronenröhrlinge S. 79

1 Den Backofen auf 200 °C (Ober- und Unterhitze) vorheizen. Eine Auflaufform mit Butter ausfetten.

2 Den Speck und die Zwiebel würfeln, die Pilze putzen und in mundgerechte Stücke schneiden.

3 Etwas Butterschmalz in einer Pfanne erhitzen, den Speck darin auslassen, die Zwiebelwürfel zugeben und etwas andünsten.

4 Den abgezupften Thymian und den Weißwein zugeben und etwa 3 Minuten garen, würzen.

5 Diese Mischung mit den Pilzen vermengen und in die Auflaufform füllen.

6 Den Käse reiben, die Walnüsse hacken.

7 Die Crème fraîche, Eigelb, Käse, Brösel und Walnüsse verrühren und mit Salz und Pfeffer würzen. Die Eimischung auf den Pilzen verteilen und in 15–20 Minuten goldbraun überbacken.

TIPP: Dazu passen verschiedene grüne oder gemischte Salate und Weißwein.

Hauptgerichte Fleisch & Fisch

Pilze zu Fleisch und Fischgerichten sind eine geschmackliche Bereicherung. Bei Wild und Wildgeflügel sogar ein unbedingtes Muss. Hierbei kommt es nicht auf die Menge der Pilze an, sondern auf die Qualität der Pilzarten. Es können selbstgesammelte Wildpilze oder Pilze aus dem breiten Angebot der geschmacklich guten Zuchtpilze verwendet werden.

Seezungenfilets

mit Violettem Rötelritterling

1 Die Bandnudeln bissfest kochen.

2 Die Seezungenfilets mit Zitronensaft beträufeln und mit Salz und Pfeffer würzen. Die Filets aufrollen, mit einem Zahnstocher zusammenstecken und die Fische in einen flachen Topf legen.

3 Die Sahne zugießen, Muskat und Cayennepfeffer darüber streuen, evtl. noch etwas Salz. Auf kleiner Hitze langsam erhitzen und ca. 5 Minuten köcheln lassen.

4 Die Stiele der Pilze knapp unter dem Hut abschneiden, Hüte putzen und in Scheiben schneiden.

5 Die Frühlingszwiebeln putzen und in sehr feine Ringe schneiden. Die Pilze zum Fisch geben und weitere 5 Minuten garen lassen.

6 Den Fisch herausnehmen, Zahnstocher entfernen und warm stellen.

7 Die im Topf verbliebene Soße mit 1 TL abgeriebener Zitronenschale und 3–4 EL ausgepresstem Zitronensaft aufkochen, abschmecken, die Frühlingszwiebeln zugeben.

8 Die Röllchen auf den Tellern anrichten, und die Soße angießen. Die Teller jeweils mit den Kräutern garnieren.

TIPP: Zu dem Gericht passsen auch Petersilienkartoffeln, Salat und Kräuterbutter sowie Weißwein.

Zutaten:

Für 4 Personen

Bandnudeln
8 Seezungenfilets
Zitronensaft, zum Beträufeln
Salz
Pfeffer, aus der Mühle
125–200 ml Schlagsahne
Salz
1 Prise Muskat
1 Prise Cayennepfeffer
1 Zitrone, unbehandelt
1–2 Frühlingszwiebeln
250 g Violette Rötelritterlinge
Zahnstocher, zum Aufrollen

Für die Garnitur:
Kräuter nach Belieben

Geeignete Pilze:
Violette Rötelritterlinge
S. 83

Saiblinge

mit Waldpilzen, Sahnesauce und Petersilie

Zutaten:

Für 4 Personen

Für die Saiblinge:

2 frische Saiblinge, (à ca. 600 g), küchenfertig
1 Zitrone, unbehandelt
Salz
Pfeffer, aus der Mühle
Butter, für die Form

Für die Sahnesoße:

600 g gemischte Waldpilze, z. B. Steinpilze, Maronen
1 Knoblauchzehe
2–3 EL Butterschmalz
250 ml trockener Weißwein
1 Zitrone, unbehandelt
100 g Crème fraîche
Salz
Pfeffer, aus der Mühle

Für die Garnitur:

3–4 Stängel Petersilie

Geeignete Pilze:

Steinpilze S. 75–77
Maronen S. 79
Rotkappen S. 81
Champignon S. 86–87

1 Den Backofen auf 180 °C (Umluft) vorheizen. Eine Auflaufform mit Butter ausfetten.

2 Die Fische waschen, trocken tupfen, innen und außen mit dem ausgepressten Zitronensaft beträufeln, salzen und pfeffern. Die Saiblinge in die Auflaufform legen.

3 Für die Sahnesoße die Pilze putzen und bei Bedarf kleiner schneiden. Den Knoblauch schälen und fein hacken.

4 In einer großen Pfanne das Butterschmalz erhitzen, Knoblauch darin kurz andünsten, Pilze zugeben und ca. 5 Minuten bei starker Hitze braten, bis die Flüssigkeit etwas verdampft ist. Mit Wein ablöschen.

5 Den ausgepressten Zitronensaft mit Crème fraîche verrühren und dann mit Salz und Pfeffer würzen.

6 Einen Teil der Pilze in die Fische füllen, restliche Pilze und die Sauce über die Fische geben.

7 Die Saiblinge in 20–30 Minuten garen, dabei gelegentlich mit der Sauce begießen. Mit Petersilie garniert servieren.

TIPP: Dazu passen Salzkartoffeln, Petersilienkartoffel, verschiedene grüne Salate und ein trockener Weißwein.

Rehrücken Baden-Baden

mit Morcheln

1 Den Backofen auf 180 °C (Ober- und Unterhitze) vorheizen. Eine Auflaufform ausfetten.

2 Für den Rehrücken die Morcheln waschen und in lauwarmem Wasser einweichen. Die Butter vorsichtig schmelzen lassen.

3 Die Filets (an der Innenseite) leicht lösen, das Rückgrat fixieren (einen Spieß in das Knochenmark schieben, das verhindert ein Verformen beim Garen). Die Wacholderbeeren leicht zerdrücken, die Zwiebel und Karotte schälen und in 1 cm große Stücke schneiden.

4 Den Rehrücken würzen, in den Bräter legen und mit etwas geschmolzener Butter einstreichen. Die Wacholderbeeren darauf verteilen. Das Fleisch mit den Speckscheiben belegen.

5 Das Gemüse und die Morcheln mit dem Einweichwasser dazugeben und die Brühe angießen. In 60–70 Minuten den Rehrücken zartrosa braten lassen.

6 Nach der Hälfte der Bratzeit den Speck beiseite schieben und das Fleisch wenden. Den Rücken mehrmals mit der restlichen Butter begießen.

7 Das Fleisch und die Morcheln herausnehmen und warm stellen.

8 Die Sauce passieren, mit Sahne und etwas Preiselbeersaft abrunden, die Morcheln dazugeben.

9 Das Fleisch auslösen, portionieren und wieder zusammensetzen.

TIPP: Dazu passen Rotkohl, Rosenkohl, Birnenhälften mit Preiselbeeren gefüllt, Spätzle und ein kräftiger Rotwein.

Zutaten:

Für 4–6 Personen

Für den Rehrücken:

20 getrocknete Morcheln
150 g Butter
1–1 ½ kg Rehrücken
10 Wacholderbeeren
1 Zwiebel
1 Karotte
Salz
Pfeffer, aus der Mühle
5 Scheiben Räucherspeck
250 ml Brühe
50–100 ml Schlagsahne
1–2 EL Preiselbeeren,
evtl. nur -saft

Geeignete Pilze:

Spitzmorchel S. 105
Speisemorchel S. 104
Steinpilze S. 75–77
Champignons S. 86–87

Kartoffel-Lasagne

mit Pfifferlingen

Zutaten:
Für 4 Personen
1 kg Kartoffeln, vorwiegend festkochend
1–2 Zwiebeln
50 g Speck
Butterschmalz, zum Braten
500 g gemischtes Hackfleisch
1 große Dose Tomaten, (ca. 800 g)
Brühepulver
Salz
Pfeffer, aus der Mühle
Paprikapulver
Basilikum, nach Belieben
250 g Pfifferlinge
5–7 Tomaten
Butter, für die Form

Für die Soße:
50 g Butter
50 g Mehl
250 ml Milch
250 ml Fleischbrühe
Muskatnuss
150–200 g geriebener Käse, z. B. Tilsiter, Bergkäse, Emmentaler

Geeignete Pilze:
Pfifferlinge S. 98
Steinpilze S. 75–77
Champignons S. 86–87

1 Die Kartoffeln als Pellkartoffeln kochen.

2 Inzwischen die Zwiebel und den Speck würfeln. In einer großen Pfanne etwas Fett erhitzen und beides darin anbraten. Das Hackfleisch zugeben und gut durchbraten.

3 Dann die Dosentomaten etwas zerkleinern und zugeben. Alles gut durchkochen lassen und mit den Gewürzen pikant abschmecken.

4 Die Pfifferlinge putzen, evtl. kleiner schneiden. Die frischen Tomaten waschen und in Scheiben schneiden.

5 Die Kartoffeln abgießen, schälen und in Scheiben schneiden.

6 Den Backofen auf 200 °C (Umluft) vorheizen. Eine Auflaufform ausfetten.

7 Für die Soße die Butter schmelzen und das Mehl darin anschwitzen. Mit Milch und Brühe ablöschen und kräftig durchrühren. Fünf Minuten unter Rühren köcheln lassen. Die Soße mit Salz, Pfeffer und Muskatnuss abschmecken.

8 Nun ⅓ der Kartoffelscheiben auf den Boden schichten, mit der Hackfleisch-Sauce bedecken. Das Ganze wiederholen und auf der letzten Schicht Kartoffeln die Tomatenscheiben verteilen, obenauf die Pilze. Das Gemüse noch etwas würzen.

9 Darüber die helle Sauce verteilen, mit Käse bestreuen und in 35–45 Minuten goldbraun backen.

TIPP: Für die Garnitur eignen sich Basilikumblätter. Dazu passen Feldsalat oder grüner Salat und Rotwein.

CHÂTEAU

Gebratene Entenbrust

mit Steinpilzen

1 Die Filets von den Entenbrüsten abschneiden, Brüste auf beiden Seiten mit einem Plattiereisen (oder der glatten Seite vom Fleischklopfer) klopfen, Hautseite kreuzweise einritzen und würzen.

2 In einer großen, tiefen Pfanne wenig Fett erhitzen, Entenbrüste einlegen und bei geschlossenem Deckel ca. 3 Minuten anbraten lassen.

3 Dann die Brüste wenden, etwas Hitze reduzieren und weiter braten lassen.

4 Inzwischen in einer weiteren Pfanne etwas Butterschmalz erhitzen.

5 Die Zwiebel schälen und in Halbringe, die Pilze putzen und in Scheiben bzw. Stücke schneiden.

6 Erst die Zwiebelringe, dann die Pilze im heißen Fett etwas Farbe annehmen lassen. Nach Belieben etwas Weißwein über die Pilze träufeln und einkochen lassen. Die Pilze mit Salz und Pfeffer würzen.

7 Die rosa gegarte Entenbrust in Scheiben schneiden und mit den Pilzen anrichten, mit etwas Petersilie garnieren.

TIPP: Dazu passen Nudeln, verschiedene Gemüse, Salat und ein trockener Rotwein.

Zutaten:

Für 4 Personen

Für die Entenbrust:
2–4 Entenbrüste
Salz
Pfeffer, aus der Mühle

Für die Pilze:
1 Zwiebel
300–400 g Steinpilze
Butterschmalz, zum Braten
Weißwein, nach Belieben
Salz
Pfeffer, aus der Mühle

Für die Garnitur:
frische Petersilie

Geeignete Pilze:
Steinpilze S. 75–77

Gefüllte Hähnchenbrust

mit Steinpilzen und Salbei

Zutaten:

Für 4 Personen

1 Zwiebel
1 Knoblauchzehe
3 Stängel Salbei
300 g Steinpilze
2 EL Butter
1 EL Paniermehl
Salz
Pfeffer
4 Hähnchenbrustfilets, à ca. 130 g
100 g grüner Speck, in dünnen Scheiben
50 ml Weißwein, z. B. Chardonnay
100 ml Hühnerbrühe
2 EL Crème fraîche

Geeignete Pilze:

Steinpilze S. 75–77

1 Die Zwiebel und den Knoblauch schälen, beides hacken. Den Salbei waschen, trocken schütteln und die Blättchen abzupfen. Die Hälfte der Blättchen hacken.

2 Die Steinpilze putzen, mit Küchenpapier abreiben. 1–2 Steinpilze in Scheiben, die restlichen in feine Würfel schneiden.

3 Den Backofen auf 180 °C (Unluft) vorheizen. Einen Bräter mit hohem Rand ausfetten.

4 Für die Füllung 1 EL Butter in einer Pfanne erhitzen. Die Zwiebel und den Knoblauch mit den gewürfelten Pilzen darin bei mittlerer Hitze 4–6 Minuten unter Rühren andünsten und in eine Schüssel füllen.

5 Das Paniermehl unter die Steinpilzfüllung mischen, mit Salz und Pfeffer würzen.

6 Die Hähnchenbrustfilets waschen und trocken tupfen. Mit einem langen Messer jeweils von einem Ende zum anderen stechen – aber nicht ganz hindurch – so dass eine Tasche für die Füllung entsteht. Die Pilzfüllung hineindrücken.

7 Die Hähnchenbrustfilets rundum salzen, pfeffern und mit den restlichen Salbeiblättern belegen. Die fetten Speckstreifen stramm darumwickeln.

8 Die Hähnchenbrustfilets in der Pfanne rundum bei großer Hitze 2–3 Minuten anbraten, Filets in den Bräter setzen und im Ofen auf mittlerer Schiene 25–30 Minuten garen.

9 Etwa 10 Minuten vor dem Servieren 1 EL Butter in der Pfanne (mit dem Bratensatz der Hähnchen) erhitzen und die Pilzscheiben darin in 5 Minuten unter wenden braten, salzen, pfeffern und zu den Hähnchenfilets in den Ofen geben.

10 Den Bratensatz in der Pfanne mit dem Weißwein und der Hühnerbrühe ablöschen. Die Crème fraîche unterrühren, alles aufkochen lassen und mit Salz und Pfeffer abschmecken.

11 Die gefüllten Hähnchenbrustfilets mit den Steinpilzscheiben und der Sauce auf Tellern anrichten. Nach Belieben mit Salbeiblättern garnieren.

Überbackenes Kalbsfilet

mit Morchelrahmsauce

1 Die Morcheln über Nacht in wenig lauwarmem Wasser einweichen.

2 Den Backofen auf 220 °C (Oberhitze) oder Grillen vorheizen. Eine Auflaufform ausfetten.

3 Die Morcheln abtropfen lassen, Wasser aufheben und die Pilze je nach Größe halbieren oder vierteln.

4 Die Butter in einer Pfanne schmelzen lassen. Inzwischen die Schalotte schälen, fein würfeln und in der heißen Butter glasig anschwitzen, mit Madeira ablöschen und einreduzieren lassen.

5 Dann Morcheln mit etwas Einweichwasser, Sahne und Brühe zugeben und ca. 5 Minuten köcheln lassen.

6 Die Stärke mit etwas kaltem Wasser glatt rühren und in die Sauce einrühren. Alles unter Rühren sämig einkochen lassen, mit Salz und Pfeffer abschmecken.

7 Für das Fleisch in einer großen Pfanne das Öl erhitzen.

8 Das Kalbsfilet in fingerdicke Scheiben schneiden, salzen, pfeffern und mit Thymianzweigen von beiden Seiten je ca. 1–2 Minuten anbraten. Den Thymian entfernen und das Fleisch in die Auflaufform legen.

9 Die Morchelrahmsauce und Sauce Hollandaise über die Fleischscheiben gießen und im Backofen ca. 4–5 Minuten goldbraun überbacken. Mit Thymianzweigen garniert servieren.

TIPP: Dazu passen Spätzle oder Semmelknödel, Rosenkohl, Blaukraut und frischer Riesling.

Zutaten:

Für 4 Personen

20 g Morcheln, getrocknet

Für die Soße:

2 EL Butter
1 Schalotte
100 ml Madeira
200 ml Sahne
1/4 l Fleischbrühe
1 TL Speisestärke
Salz
Pfeffer, aus der Mühle

Für das Fleisch:

600 g Kalbsfilet
Öl, zum Braten
4 Thymianzweige, zum Braten

Zum Überbacken:

100 ml Sauce Hollandaise, evtl. Fertigprodukt

Für die Garnitur:

Thymianzweige

Geeignete Pilze:

Morcheln S. 104–105

Hauptgerichte vegetarisch

Zu den besonderen Genüssen in der feinen vegetarischen Küche gehören auch Pilzgerichte. Man muss kein Pilzkenner sein, um Pilze schmackhaft zubereiten zu können. Die Auswahl an Zuchtpilzen ist sehr groß und so kann man praktisch das ganze Jahr über Pilze genießen. Der Phantasie sind da keine Grenzen gesetzt.

Erbsen-Spargel-Panachée

mit Morcheln

1 Die Morcheln mit lauwarmen Wasser bedeckt 4–5 Stunden einweichen.

2 Das Einweichwasser durch eine Filtertüte gießen und aufbewahren. Die Morcheln nochmals unter fließendem Wasser abspülen. Mit Küchentuch gut trocken tupfen.

3 Die Butter erhitzen und die Morcheln darin 2–3 Minuten garen, beiseite stellen.

4 Für den Spargel Wasser in einem Topf zum Kochen bringen, Zucker, Salz und Zitronensaft zugeben.

5 Den Spargel unter dem »Köpfchen« bis zum Ende schälen, Enden abschneiden und in ca. 4 cm lange Stücke schneiden. Den Spargel ins kochende Wasser geben, 3 Minuten garen lassen.

6 Dann die Erbsen zugeben und noch ca. 4 Minuten mitgaren. Die Gemüse sollen gar, aber noch mit Biss sein. Die Gemüse abgießen, kurz kalt abschrecken und gut abtropfen lassen.

7 Die Sahne in einem Topf erhitzen, etwas einköcheln lassen, 3 EL Pilzeinweichwasser, Salz und Pfeffer dazugeben.

8 Die Morcheln, Spargel und Erbsen dazugeben und erhitzen. Spargelragout auf Tellern verteilen und mit Schnittlauch garnieren.

TIPP: Dazu passen Nudeln oder Petersilienkartoffeln und grüner Salat und Weißwein.

Zutaten:

Für 4 Personen

25 g getrocknet Morcheln
1–2 EL Butter
800 g weißer Spargel
½ TL Zucker
1 TL Salz
1 TL Zitronensaft
200 g grüne Erbsen
200 g Schlagsahne
Salz
Pfeffer, aus der Mühle
Schnittlauch, zum Garnieren

Geeignete Pilze:
Spitzmorcheln S. 105
Speisemorcheln S. 104

Gnocchi

mit Austernpilzen, Kirschtomaten und Mozzarella

1 Für die Gnocchi die Kartoffeln schälen, als Salzkartoffeln garen, heiß durch eine Kartoffelpresse drücken und etwas abdampfen lassen.

2 Die Kartoffelmasse mit Mehl bestreuen, Parmesan und die Eier hinzufügen. Mit Salz, Pfeffer und etwas Muskat würzen und die Masse zu einem Teig verarbeiten.

3 In einem weiten Topf Salzwasser zum Kochen bringen.

4 Fingerdicke Röllchen formen und ca. 3 cm breite Stücke abschneiden. Mit einem Gabelrücken Rillen eindrücken.

5 Die Gnocchi ins kochende Wasser hinein geben, sofort Hitze reduzieren und im nunmehr simmernden Wasser gar ziehen lassen, bis sie an der Oberfläche schwimmen, dann herausheben und abtropfen lassen.

6 Den Backofen auf 200 °C (Ober- und Unterhitze) vorheizen. Eine Auflaufform ausfetten.

7 Die Tomaten putzen und halbieren. Den Mozzarella in Scheiben schneiden.

8 Den Knoblauch schälen und fein hacken. Die Austernpilze putzen und in Streifen schneiden.

9 Das Öl erhitzen und die Pilze darin kurz und kräftig anbraten, Knoblauch zugeben und andünsten, die Tomaten und Petersilie untermischen und mit Salz und Pfeffer kräftig würzen.

10 Die Gnocchi in die Form geben, die Gemüsemischung zugeben, etwas vermengen und mit Mozzarella und Butterflöckchen belegen und in 20–30 Minuten goldbraun überbacken.

11 Mit Oregano bestreut servieren.

TIPP: Dazu passen verschiedene Salate und Weißwein. Um Zeit zu sparen kann man die Gnocchi auch als Fertigprodukt verwenden.

Zutaten:

Für 4 Personen

Für die Gnocchi:

700 g mehligkochende Kartoffeln
100 g Mehl
40 g Parmesan, frisch gerieben
2 Eier
Salz
Pfeffer, aus der Mühle
Muskat

Außerdem:

250 g Kirschtomaten
2 Knoblauchzehen
150 g Mozzarella
150 g Austernpilze
2 EL Olivenöl
1 EL gehackte Petersilie
Salz
Pfeffer, aus der Mühle
2 EL Butter
Oreganoblättchen, zum Garnieren
Fett, für die Form

Geeignete Pilze:

Austernpilze S. 92
Shiitakepilze S. 93
Champignons S. 86–87

Nudelsalat

mit Pilzen

Zutaten:

Für 4 Personen

400 g Fussili
Salz
2 Möhren
1 Stange Lauch
4 EL Olivenöl
100 ml Gemüsebrühe
400 g Pilze, z. B. Steinpilze, Pfifferlinge
Pfeffer, aus der Mühle
2 EL weißer Balsamico
1–2 EL Zitronensaft

Geeignete Pilze:

Steinpilze S. 75–77
Pfifferlinge S. 98
Champignons S. 86–87

1 Die Nudeln in Salzwasser al dente kochen. Abschrecken und abtropfen lassen.

2 Die Möhren schälen und stifteln. Den Lauch waschen, putzen und in Streifen schneiden.

3 Zusammen mit den Möhren in 2 EL heißem Öl kurz anschwitzen. Mit der Gemüsebrühe ablöschen und 2–3 Minuten leise gar köcheln. Zu den Nudeln geben.

4 Die Pilze putzen, in Scheiben schneiden und im restlichen heißen Öl 5–10 Minuten goldbraun braten. Mit Salz und Pfeffer würzen und ebenfalls zu den Nudeln geben.

5 Den Schnittlauch und den Essig untermengen und mit Salz und Zitronensaft abschmecken. Lauwarm servieren.

TIPP: Dazu passt Feldsalat, Radieschen, Wein und Bier. Nudelsalat lässt sich sehr gut vorbereiten und kann lauwarm oder kalt gegessen werden.

Steinpilzragout

mit Semmelknödel

Zutaten:

Für 4 Personen

Für das Pilzragout:

1 Schalotte
2 EL Butterschmalz
600 g frische Steinpilze, evtl. gemischt mit Champignons und Pfifferlingen
1 EL Mehl
300 ml Schlagsahne
Gemüsebrühe, nach Belieben
Salz
Pfeffer, aus der Mühle
1–2 TL Zitronensaft
1 Prise Estragon
Thymian
3 Zweige Petersilie

Für die Knödel:

6–8 alte Semmeln, bzw. Knödelbrot in der Menge
Salz
250–375 ml Milch
3–4 Eier
1 Zwiebel
4–6 Zweige Petersilie
1–2 EL Butter

Geeignete Pilze:

Steinpilze S. 75–77
Maronenröhrlinge S. 79
Champignons S. 86–87
Pfifferlinge S. 98

1 Die Milch erhitzen. Die Semmeln in Würfel schneiden, in eine weite Schüssel geben, mit Salz würzen. Die heiße Milch über die Semmeln gießen und etwas ziehen lassen.

2 Die Zwiebel und Petersilie fein hacken. Die Butter schmelzen, beides darin andünsten und mit den Eiern zu den Semmeln geben. Alles – am besten mit der Hand – mit »rührenden Bewegungen« zu einem Teig verarbeiten. Sollte der Teig zu weich sein, evtl. etwas Semmelbrösel nachgeben. Sofort mit feuchten Händen sechs bis acht Knödel abdrehen.

3 Die Knödel in kochendes Salzwasser einlegen, Hitze reduzieren und die Knödel ca. 15–20 Minuten langsam ziehen lassen.

4 Für das Pilzragout die Schalotte würfeln. Das Butterschmalz erhitzen und darin andünsten. Die Pilze inzwischen putzen, schneiden und dazugeben und bei starker Hitze unter ständigem Rühren ca. 10–15 Minuten braten.

5 Die Pilze mit Mehl bestäuben und kurz anschwitzen lassen. Die Schlagsahne unterrühren. Nach Belieben die Soße mit etwas Fleischbrühe »verdünnen«.

6 Das Ragout kurz aufkochen lassen, mit Salz, Pfeffer, etwas Zitronensaft, Estragon und Thymian abschmecken und mit Petersilie bestreut servieren.

Risotto

mit herbstlichen Pilzen

Zutaten:

Für 4 Personen

2 Lauchzwiebeln
1–2 EL Butter
200 g Risottoreis, (Rundkorn-)
50 ml Weißwein
400–500 ml Gemüsebrühe
300 g Pilze, z. B. Pfifferlinge, Reizker, Egerlinge
Butterschmalz, zum Anbraten
Salz
Pfeffer, aus der Mühle
150 g Greyerzer Käse
Basilikumblätter, zur Garnitur

Geeignete Pilze:
Pfifferlinge S. 98
Reizker S. 96
Champignons S. 86–87

1 Die Lauchzwiebeln putzen, in feine Scheiben schneiden und in 1 EL Butter anschwitzen. Den Reis zugeben, glasig anschwitzen und mit Weißwein ablöschen.

2 Nun unter Rühren immer wieder Brühe angießen und vom Reis aufsaugen lassen. So lange bis der Reis gar ist aber noch Biss hat und das Risotto eine cremige Konsistenz angenommen hat.

3 Währenddessen die Pilze putzen, in Scheiben schneiden und portionsweise im heißen Schmalz anbräunen. Die Pilze sollten leicht Farbe annehmen und kein Wasser ziehen.

4 Den Reis mit den Pilzen mischen, 100 g Käse und 1 EL Butter unterrühren, mit Salz und Pfeffer abschmecken.

5 Das Risotto auf Teller verteilen und mit Käse sowie Basilikumblättern garniert servieren.

TIPP: Dazu passt grüner Salat, Tomatensalat und Weißwein. Ein perfekter Risotto soll weich, aber im Kern noch Bissfest sein.

Kräuternudeln

mit Steinpilzen

Zutaten:

Für 4 Personen

400 g Spaghetti
Salz
1 Zwiebel
1 rote Chilischote
300 g gemischte Pilze, z. B. Pfifferlinge, Steinpilze
3 EL Olivenöl
100 ml trockener Weißwein
Pfeffer, aus der Mühle
1 Knoblauchzehe
150 ml Sahne
2 EL frisch gehackte Kräuter, z. B. Petersilie und Basilikum
4 EL frisch geriebener Parmesan

Geeignete Pilze:

Steinpilze S. 75–77
Maronenröhrlinge S. 79
Pfifferlinge S. 98

1 Die Nudeln in Salzwasser al dente kochen.

2 Die Zwiebel schälen und fein würfeln. Die Chilischote waschen, putzen und fein hacken. Die Pilze putzen und in Scheiben schneiden.

3 Zwiebel und Chili in 2 EL heißem Öl anschwitzen, die Pilze zugeben und ca. 5–10 Minuten goldbraun braten.

4 Mit Weißwein ablöschen, salzen, pfeffern und beiseite ziehen.

5 Den Knoblauch schälen, fein hacken, kurz im restlichen Öl anschwitzen und die Sahne angießen.

6 Die Kräuter und die abgetropften Nudeln (nach Bedarf mit ein wenig Nudelkochwasser) unterschwenken. Mit Salz abschmecken.

7 Die Pilze auf Teller verteilen, darauf die Nudeln anrichten und mit Parmesan bestreut servieren.

TIPP: Dazu passen verschiedene Salate und trockener Rotwein.

Tagliatelle

mit schwarzem Trüffel

Zutaten:

Für 4 Personen

500 g Tagliatelle
Salz
1 Schalotte
1 Knoblauchzehe
2 EL Butter
100 ml Gemüsebrühe
200 ml Sahne
2–3 EL geriebener Parmesan
Pfeffer, aus der Mühle
schwarzer Trüffel, nach Belieben

Geeignete Pilze:
Trüffel S. 106

1 Die Tagliatelle in Salzwasser al dente kochen.

2 Die Schalotte und Knoblauch schälen und fein hacken.

3 Zusammen in heißer Butter glasig anschwitzen. Mit der Brühe und Sahne ablöschen und 2–3 Minuten ganz leicht sämig köcheln lassen.

4 Mit dem Stabmixer fein pürieren, den Parmesan untermengen und mit Salz und Pfeffer abschmecken.

5 Die abgetropften Nudeln unterschwenken und auf Tellern anrichten.

6 Schwarzen Trüffel darüber hobeln und mit Basilikum garniert servieren.

TIPP: Dazu passt jeder Salat, Weißwein oder Rotwein. Es gibt verschiedene Trüffelarten die im Preis auch sehr unterschiedlich sind. Für die Garnitur eignet sich Basilikum.

Pilzragout

mit Hallimasch

1 Die Pilze putzen und je nach Größe halbieren oder vierteln.

2 Die Zwiebel und Knoblauchzehe schälen und fein würfeln.

3 Die Pilze portionsweise in heißem Öl scharf anbraten und wieder herausnehmen.

4 In einer anderen Pfanne das Fett erhitzen und Zwiebeln und Knoblauch dazugeben und andünsten.

5 Die Butter zugeben, schmelzen lassen, mit dem Mehl bestäuben, anschwitzen und mit Weißwein ablöschen.

6 Die Brühe angießen und mit 100 ml Sahne ca. 5–10 Minuten köcheln lassen.

7 Dann angebratene Pilze und Thymian zugeben und weitere 10–12 Minuten schmoren lassen. Dabei mehrmals umrühren.

8 Währenddessen die restliche Schlagsahne schnittfest schlagen.

9 Das Pilzragout mit Salz und Pfeffer abschmecken und vor dem Servieren die Schlagsahne unterheben und mit Thymianzweigen garnieren.

TIPP: Dazu passen Nudeln, Serviettenknödel oder Weißbrot und Wein. Der Hallimasch muss immer sehr gut gegart werden, er führt roh genossen zu heftigen Magen und Darmproblemen.

Zutaten:

Für 4 Personen

500 g Hallimasch
Öl, zum Braten
1 Zwiebel
1 Knoblauchzehe
Fett, zum Braten
2 EL Butter
2 EL Mehl
Weißwein, nach Geschmack
400 ml Gemüsebrühe
200 ml Schlagsahne
2 EL Thymianblättchen
Salz
Pfeffer, aus der Mühle
Thymianzweige, zur Garnitur

Geeignete Pilze:
Hallimasch S. 88
Violette Rötelritterlinge S. 83

Gratinierte Polenta

mit Pilzgemüse

Zutaten:

Für 4 Personen

Für die Polenta:

500 ml Gemüsebrühe
Salz
125 g Polentagrieß, Instant
1 EL Olivenöl
Salz
Pfeffer, aus der Mühle
Muskat
Öl, für das Backblech
100–150 g geriebener Käse, z. B. Pecorino, Emmentaler, Parmesan

Für das Pilzgemüse:

1 Zwiebel
200–250 g Austernpilze
200–250 g Shiitakepilze
Butter, zum Garen
Salz
Pfeffer, aus der Mühle

Für die Soße:

150 g Joghurt
2 Tomaten
etwas Petersilie

Geeignete Pilze:

Austernpilze S. 92
Shiitakepilze S. 93
Steinpilze S. 75–77

1 Die Gemüsebrühe und etwas Salz im Topf zum Kochen bringen. Den Polentagrieß unter Rühren einrieseln, aufkochen und unter gelegentlichem Rühren ausquellen lassen.

2 Den Backofen auf 200 °C (Umluft) vorheizen. Ein Backblech mit Öl bepinseln.

3 Die Polenta vom Herd nehmen, Öl unterrühren, mit Salz, Pfeffer und Muskat abschmecken. Etwa 1 cm dick darauf streichen. Den Käse reiben, auf die Polenta streuen und im Backofen in ca. 10 Minuten goldbraun gratinieren lassen.

4 Inzwischen die Zwiebel würfeln, die Pilze putzen und in Stücke schneiden.

5 In einer großen Pfanne die Butter schmelzen und die Zwiebeln darin andünsten, die Pilze zugeben und alles ca. 5–10 Minuten dünsten lassen. Dann die Pilze mit Salz und Pfeffer würzen.

6 Für die Soße den Joghurt glatt rühren, mit Salz und Pfeffer würzen, etwas Petersilie fein hacken und unterrühren. Die Tomaten in Würfel schneiden und unterheben.

7 Die fertige Polenta in Ecken schneiden und mit Pilzgemüse und Joghurtsoße anrichten.

Pizza

mit Champignons, Paprika, Zwiebeln und Käse

1 Für den Teig die Hefe in eine Schüssel bröckeln, mit dem Zucker und ca. 250 ml lauwarmem Wasser glatt rühren. Das Mehl mit dem Olivenöl und dem Salz zugeben und alles verkneten. Zugedeckt an einem warmen Ort ca. 1 Stunde gehen lassen.

2 Den Backofen auf 220 °C Umluft vorheizen. Die Pizzableche mit Öl bepinseln.

3 Für den Belag die Paprikaschoten waschen, halbieren, putzen und klein würfeln. Die Zwiebel schälen und würfeln. Die Pilze putzen und in Scheiben schneiden.

4 Den Knoblauch schälen, fein hacken und mit den Tomaten verrühren. Mit etwas Salz und Cayennepfeffer würzen.

5 Aus dem Teig 4 Kugeln formen, auf wenig Mehl zu runden Fladen ausrollen und auf die Bleche legen. Mit den passierten Tomaten bestreichen. Mit dem Käse bestreuen und das gesamte Gemüse darüber streuen.

6 Die Pizza mit Salz und Pfeffer leicht würzen. Den Oregano mit dem restlichen Öl vermengen und auf den Belag träufeln. Im vorgeheizten Ofen ca. 30 Minuten goldbraun backen und servieren.

Zutaten:

Für 4 Personen

Für den Hefeteig:

½ Würfel Hefe, 21 g
1 Prise Zucker
500 g Mehl
4 EL Olivenöl
Öl, für die Pizzableche
1 TL Salz

Für den Belag:

2 Paprikaschoten, rot und grün
1 Zwiebel
150 g Champignons
1 Knoblauchzehe
300 g passierte Tomaten, Dose
Salz
Cayennepfeffer
300 g geriebener Käse, z. B. Parmesan oder Emmentaler
1 TL getrockneter Oregano
5–6 EL Olivenöl, zum Beträufeln und für die Bleche

Geeignete Pilze:
Champignons S. 86–87

Suppen & Eintöpfe

Frische oder getrocknete Pilze geben den Suppen und Eintöpfen eine sehr intensive Note. Stehen frische Pilze zur Verfügung reicht eine Handvoll davon aus. Getrocknete Pilze müssen vorher in etwas Wasser für einige Stunden eingeweicht werden. Das restliche Wasser kann der Suppe, Soße oder dem Eintopf zugegeben werden.

Gemüseeintopf

mit Steinpilzen, Perlgraupen

1 Das Wasser in einen Topf geben, salzen und aufkochen.

2 Inzwischen die Perlgraupen unter fließendem Wasser waschen, in das Salzwasser geben und 10 Minuten köcheln lassen. Dann durch ein Sieb abgießen, mit heißem Wasser nachspülen und abtropfen lassen.

3 Die Kartoffeln, den Sellerie, die Petersilienwurzel und die Karotten putzen, schälen und in kleine Würfel schneiden. Die Zwiebeln schälen und fein würfeln.

4 Die Bohnen putzen, waschen und in 3 cm lange Stücke schneiden. Die Erbsen auftauen lassen.

5 Die Pilze putzen, große Exemplare vierteln oder in Scheiben schneiden.

6 In einem großen Topf die 2 l Wasser zum Kochen bringen. Das vorbereitete Gemüse bis auf die Erbsen und die Steinpilze hinein geben.

7 Die Graupen zum Gemüse geben und alles zugedeckt 20–30 Minuten köcheln lassen, bis die Gemüse weich sind.

8 Die Erbsen und Steinpilze in den Gemüse-Graupen-Topf geben und alles weitere 5–10 Minuten köcheln lassen.

9 Den Eintopf mit Pfeffer und etwas Salz abschmecken, in tiefen Tellern oder Schüsseln anrichten und jeweils einen Löffel Schmand darauf geben. Mit Fenchelgrün garnieren.

TIPP: Dazu passt Weißbrot und ein kräftiger Weißwein. Man kann auch andere Gemüsesorten, wie Kohlrabi oder weiße Bohnen verwenden.

Zutaten:

Für 4 Personen

1 l Wasser
150 g Perlgraupen
Salz
200 g Kartoffeln
100 g Knollensellerie
1 Petersilienwurzel
150 g Möhren
1 Zwiebel
150 g grüne Bohnen
125 g Erbsen, (TK)
175 g Steinpilze
2 l Wasser
Pfeffer, aus der Mühle
125 g Schmand
Fenchelgrün, zum Bestreuen

Geeignete Pilze:

Steinpilze S. 75–77
Maronenröhrlinge S. 79

Fischeintopf

mit Lauch und Shiitakepilzen

Zutaten:

Für 4 Personen

600 g Fischfilets, z. B. Seeteufel, Lachs, Zander
12 Riesengarnelenschwänze, ungeschält
3 EL Sesamöl
300 ml Fischfond
1 Stange Lauch
1 Stange Staudensellerie
1 Knoblauchzehe
150 g Shiitakepilze
1 TL frisch geriebener Ingwer
200 ml Kokosmilch
Sojasauce
Salz

Geeignete Pilze:
Shiitakepilze S. 93

1 Die Fischfilets waschen, trocken tupfen und würfeln.

2 Die Garnelen bis auf das Schwanzsegment schälen, entdarmen, waschen und trocken tupfen.

3 Die Schalen in 1 EL heißem Öl anschwitzen und den Fischfond angießen. Etwa 10 Minuten köcheln lassen, dann durch ein Sieb gießen und den Fond auffangen.

4 Den Lauch waschen, putzen und in Ringe schneiden. Den Sellerie waschen, putzen und in Stücke schneiden. Den Knoblauch schälen und in Scheiben schneiden.

5 Die Pilze putzen und in Scheiben schneiden.

6 Pilze und Ingwer im restlichen heißen Öl 4–5 Minuten anschwitzen. Mit dem Fond aufgießen und die Kokosmilch zufügen.

7 Aufkochen lassen und die Fischstücke sowie die Garnelen zugeben. Bei milder Hitze ca. 5–8 Minuten nur noch garziehen lassen.

8 Das Gemüse und den Fisch mit einem Schaumlöffel aus der Suppe heben und auf Teller verteilen.

9 Die Flüssigkeit nach Bedarf ein wenig einköcheln lassen und mit Sojasauce und Salz abschmecken.

10 Mit dem Stabmixer kurz aufschäumen, über die Einlage gießen und servieren.

TIPP: Dazu passt ein kräftiges Weißbrot, Salat und ein Riesling.

Krause Glucke

in Gemüsesuppe mit Fusilli

Zutaten:

Für 4 Personen

1 l kräftige Gemüsebrühe
250 g krause Glucke
Salz
Pfeffer
200 g Spiralnudeln, z. B. Fussili
2 EL Schnittlauchröllchen
Schnittlauchhalme, für die Garnitur

Geeignete Pilze:
Krause Glucke S. 102

1 Nudeln nach Anweisung al dente kochen und warmstellen.

2 Die Glucke zerteilen, sehr gut putzen und klein schneiden.

3 Die Brühe aufkochen lassen. Die Pilze hineingeben und 10–15 Minuten mit geringerer Hitze nur noch köcheln lassen.

4 Danach die gekochten Nudeln hinzufügen.

5 Die Suppe mit Salz und Pfeffer würzen und abschmecken, zum Schluss die Schnittlauchröllchen hinzugeben.

6 Auf Tellern anrichten und mit Schnittlauchhalmen garniert servieren.

TIPP: Dazu passt rustikales Weißbrot und ein trockener Weißwein. Die Krause Glucke muss sehr gründlich geputzt werden.

Ungarische Betyárensuppe

mit Würstchen, Pilzen und Sauerrahm

Zutaten:

Für 4 Personen

150 g Räucherspeck
1 Zwiebel
Butterschmalz, zum Anbraten
250 g Waldpilze
Salz
Pfeffer, aus der Mühle
Salbeiblätter
Thymian
Paprikapulver
1 1/5 l Fleischbrühe
2 Lorbeerblätter
100 g geräucherte Paprikawurst
200 ml Sauerrahm
50 g Mehl
200 g Maultaschen, mit Fleischfüllung, Fertigprodukt

Geeignete Pilze:
Alle Röhrlinge S. 75–82

1 Den Räucherspeck und die Zwiebel würfeln. Etwas Butterschmalz erhitzen und die Speckwürfel darin anbraten, aus dem Fett nehmen. Dann die Zwiebel in dem Fett anbraten.

2 Inzwischen die Waldpilze putzen, evlt. kleiner schneiden und zufügen. Das Gemisch kräftig salzen, pfeffern und Kräuter zufügen.

3 Alles einige Minuten andünsten. Währenddessen die Paprikawurst in Scheiben schneiden.

4 Dann die Pilze mit Paprikapulver bestäuben und mit der Fleischbrühe aufgießen. Lorbeerblätter, Paprikawurst und Speckwürfel zufügen und aufkochen. Die Maultaschen zufügen und erhitzen

5 Den Sauerrahm mit Mehl verrühren. Wenn die Maultaschen gegart sind, die Suppe mit der Mehl-Sauerrahm-Mischung eindicken. Noch einmal aufkochen und mit einem Klecks Sauerrahm servieren.

TIPP: Dazu passt kräftiges Brot und Weißwein. Am besten sind gemischte, nicht zu weiche Pilze für dieses Gericht geeignet.

Kartoffelsuppe

mit Pfifferlingen

1 Die Kartoffeln schälen und würfeln.

2 Die Pfifferlinge putzen und je nach Größe ganz lassen oder halbieren. Den Lauch waschen, putzen, längs halbieren und in Stücke schneiden.

3 Die Pilze in 2 EL heißem Öl 5–10 Minuten anbraten und wieder aus dem Topf nehmen.

4 Im restlichen Öl den Lauch und die Kartoffeln kurz anschwitzen und mit der Brühe ablöschen. Etwa 15 Minuten köcheln lassen, bis alles gar ist.

5 Die Pilze und den Dill zufügen und mit Salz und Pfeffer abgeschmeckt servieren.

TIPP: Dazu passten kräftiges Roggenbrot oder Vollkornsemmeln. Für die Suppe können auch andere, getrocknete Pilzarten verwendet werden. Sie sollten vorher einige Zeit eingeweicht werden.

Zutaten:

Für 4 Personen

800 g festkochende Kartoffeln
400 g Pfifferlinge
1 Stange Lauch
3 EL Pflanzenöl
800 ml Fleischbrühe
2 EL frisch gehackter Dill
Salz
Pfeffer, aus der Mühle

Geeignete Pilze:

Pfifferlinge S. 98
Steinpilze S. 75–77
Maronen S. 79

Scharfe süss-saure Suppe

mit Mu-Err-Pilzen und Hühnerbrust

Zutaten:

Für 4 Personen

20 g getrocknete Mu-Err-Pilze
200 g Bambussprossen, Dose
2 Hähnchenbrüste, à ca. 140 g
2 Knoblauchzehen
1 rote Chilischote
1 EL Sesamöl
800 ml Hühnerbrühe
Sojasauce
brauner Zucker, Salz
Reisessig

Geeignete Pilze:
Mu-Err-Pilze oder Judasohr S. 107

1 Die Pilze nach Packungsangabe in Wasser einweichen. Abgießen und in Stücke schneiden.

2 Die Sprossen abtropfen lassen und in Streifen schneiden.

3 Die Hähnchenbrüste waschen, trocken tupfen und in Streifen schneiden.

4 Den Knoblauch schälen und in Scheiben schneiden. Die Chilischote waschen, putzen und fein hacken. Zusammen mit dem Knoblauch in heißem Öl anschwitzen.

5 Mit der Brühe ablöschen und Bambus, Pilze und Hühnerbrust bei milder Hitze nur noch ca. 5–10 Minuten langsam gar ziehen lassen.

6 Mit Sojasauce, Zucker, Salz und Essig abschmecken.

TIPP: Dazu passt Weißbrot oder Reis, Weißwein und Reiswein. Werden frische Judasohren verwendet, können diese ohne Einweichen verwendet werden.

Shiitake-Suppe

mit Radieschen und Frühlingszwiebeln

Zutaten:

Für 4 Personen

6 Frühlingszwiebeln
1 Knoblauchzehe
frischer Ingwer, ca. 3 cm
250 g Shiitake
150 g Radieschen
2 EL Sesamöl
800 ml Gemüsebrühe
Sojasauce
Reisessig
2 EL Schnittlauchröllchen

Geeignete Pilze:
Shiitakepilze S. 93

1 Die Frühlingszwiebeln waschen, putzen und leicht schräg in Stücke schneiden.

2 Den Knoblauch und Ingwer schälen, Knoblauch in Scheiben und Ingwer in Stifte schneiden.

3 Die Pilze putzen, den Stiel abschneiden und die Kappen halbieren.

4 Die Radieschen waschen, putzen und in Scheiben schneiden.

5 Zusammen mit den Pilzen, Knoblauch und Ingwer in heißem Öl anschwitzen.

6 Die Frühlingszwiebeln untermengen und die Brühe angießen. Etwa 8–10 Minuten leise köcheln lassen.

7 Mit Sojasauce und Reisessig abschmecken und mit Schnittlauch bestreut servieren.

TIPP: Dazu passt Weißbrot und Reiswein oder Weißwein.

Pilzsuppe

mit Steinpilzen und Lauch

Zutaten:

Für 4 Personen

250 g Steinpilze
1 Stange Lauch
2 EL Butterschmalz
300 g mehlig kochende Kartoffeln
1 Knoblauchzehe, gehackt
1 EL Majoran, gehackt
½ l Gemüsebrühe, oder Kalbsfond
½ l Milch
Salz
Pfeffer, aus der Mühle
Muskat
2 EL Crème fraîche
Majoranzweige, zur Garnitur

Geeignete Pilze:

Steinpilze S. 75–77
Champignons S. 86–87

1 Die Steinpilze sorgfältig putzen und in mundgerechte Scheiben schneiden.

2 Den Lauch putzen und in Halbringe schneiden. Das Butterschmalz erhitzen und beides darin anschwitzen. Anschließend Lauch und Pilze herausnehmen und beiseite stellen.

3 Die Kartoffeln schälen und in kleine Würfel schneiden.

4 In demselben Topf mit Knoblauch und Majoran anschwitzen, Brühe und Milch angießen. Alles ca. 20 Minuten köcheln lassen.

5 Die Suppe anschließend pürieren. Die Crème fraîche unterrühren, mit Salz, Majoran und Pfeffer kräftig abschmecken.

6 Die Pilze und den Lauch wieder zugeben und noch ca. 5–10 Minuten köcheln lassen.

7 Die Suppe in Teller füllen und mit Majoran garniert servieren.

TIPP: Dazu passt rustikales Weißbrot, kräftiges Roggenbrot und Weißwein.

Beliebte Speisepilze

Über die Anzahl der Großpilze, auch Makromyceten genannt, gibt es recht unterschiedliche Angaben. In Europa sollen zwischen 4000 und 5000 Arten leben. Die hier großformatig dargestellten 33 Arten zählen zu den beliebtesten Speisepilzen. Die individuellen Eigenschaften, Qualität und Feuchtigkeit des Nährbodens bestimmen maßgeblich ihr Erscheinungsbild.

Fichtensteinpilz

Boletus edulis

Speisewert:
Guter Speisepilz. Auch gut zum Trocknen geeignet.

In den Sommermonaten sind Steinpilze oft von Maden befallen. Funde bereits im Wald putzen und durchschneiden!

Sammelzeit:
August bis November.

Geeignete Rezepte:
Seite 22, 28, 31, 43, 44, 53, 56, 63, 67, 72

MERKMALE: Hut bis etwa 25 cm breit; jung halbkugelig, älter gewölbt; polsterförmig; jung festfleischig, älter eher weich. Oberfläche in trockenem Zustand glatt; feucht wenig bis stark schmierig; jung oft cremeweiß, ansonsten hell bis dunkelbraun. Poren jung sehr eng und weiß, später weiter und gelb bis gelbgrün, bei älteren Exemplaren olivgrün; Röhren wie die Poren gefärbt. Stiel bis 20 cm lang und bis 7 cm dick; stämmig, keulig bis bauchig; weißlich bis blass bräunlich, von der Stielspitze abwärts mit einem mehr oder weniger ausgeprägten, etwas erhabenen, weißen Netz überzogen. Fleisch weiß, nur unter der Huthaut älterer Pilze etwas blass rosa-bräunlich getönt; Geruch und Geschmack mild.

VORKOMMEN: Mykorrhizapilz von Nadel- und Laubbäumen, oft unter Fichten, in Nadelstreu und an moosigen Stellen, auch auf mit Fichten durchsetzten nicht überdüngten Weiden; meist auf nährstoffarmen, sauren Sand- und Silikatböden, ebenso auf Kalkböden mit versauerten Oberflächen. Der Fichtensteinpilz ist weit verbreitet und häufig.

WISSENSWERTES: Es gibt mehrere Steinpilzarten, die sich aber aufgrund ihres Aussehens und Standortes voneinander unterscheiden lassen. Von unerfahrenen Sammlern werden der bitter schmeckende, ungenießbare Gallenröhrling, *Tylopilus felleus* (Bild rechts), für Steinpilze gehalten. Nicht selten wachsen Fichtensteinpilze mit Fliegenpilzen vergesellschaftet.

Ähnliche Art:
Der Gallenröhrling ist an seinem olivbraunen Hut, den rosafarbenen Poren und Röhren sowie dem oliven Stielnetz zu erkennen.

Sommersteinpilz

Boletus aestivalis

Speisewert:
Guter Speisepilz.

Zum Trocknen geeignet.

In den Sommermonaten sind Steinpilze oft von Maden befallen. Funde bereits im Wald putzen und durchschneiden!

Sammelzeit:
Juni bis September.

Geeignete Rezepte:
Seite 22, 28, 31, 43, 44, 53, 56, 63, 67, 72

MERKMALE: Hut bis etwa 25 cm breit; jung halbkugelig, älter gewölbt, polsterförmig; jung festfleischig, älter weicher. Oberfläche in trockenem Zustand matt, samtig-körnig; feucht schwach schmierig; hell- bis dunkelbraun. Poren jung sehr eng und weiß, später weiter und gelb bis gelbgrün, bei alten Exemplaren olivgrün; Röhren wie die Poren gefärbt. Stiel bis 20 cm lang und bis 7 cm dick; stämmig, keulig bis bauchig, manchmal aber auch relativ schlank; blass bräunlich, von der Stielspitze abwärts mit einem mehr oder weniger ausgeprägten, etwas erhabenen, braunen Netz überzogen. Fleisch fest, unveränderlich weiß; Geruch und Geschmack angenehm, etwas nussartig.

Darauf achten:
Die feinsamtig-körnige Hutoberfläche ist für den Sommersteinpilz typisch.

VORKOMMEN: Mykorrhizapilz von Laubbäumen, meist unter Buchen, aber auch unter Eichen, in Laubstreu und an moosigen, grasigen Stellen der Waldränder und Parkanlagen; meist auf kalkhaltigen Böden; gerne an wärmebegünstigten Lagen. Der Sommersteinpilz ist weit verbreitet und relativ häufig.

WISSENSWERTES: Der Sommersteinpilz wächst, wie sein Name schon sagt, meist früher im Jahr als der Fichtensteinpilz. Es gibt mehrere Steinpilzarten, die sich aber aufgrund ihres Aussehens und Standortes voneinander unterscheiden lassen. Von unerfahrenen Sammlern werden oft andere Röhrlinge, wie beispielsweise der ungenießbare Gallenröhrling (S. 75) und der essbare Maronenröhrling (S. 79), für Steinpilze gehalten.

Kiefernsteinpilz

Boletus pinophilus

Speisewert:
Guter Speisepilz.

Zum Trocknen geeignet.

In den Sommermonaten sind Steinpilze oft von Maden befallen. Funde bereits im Wald putzen und durchschneiden!

Sammelzeit:
August bis Oktober.

Geeignete Rezepte:
Seite 22, 28, 31, 43, 44, 53, 56, 63, 67, 72

MERKMALE: **Hut** bis etwa 25 cm breit; jung halbkugelig; älter gewölbt, polsterförmig; jung festfleischig, älter weicher. Oberfläche manchmal runzelig-höckerig, matt, feinsamtig; feucht glatt, etwas schmierig; kräftig rotbraun, Randzone oft etwas heller. **Poren** jung eng und weiß, später weiter und gelb bis gelbgrünlich; Röhren wie die Poren gefärbt. **Stiel** bis etwa 12 cm lang und 4–8 cm dick; hart; jung bauchig, später keulig; auf hellerem rotbräunlichem Grund an der Stielspitze mit einem weißlichen, abwärts rotbraunen Netz überzogen. **Fleisch** fest, weiß, unter der Huthaut ein wenig rotbräunlich gefärbt; Geruch angenehm, manchmal ein wenig harzig; Geschmack mild.

VORKOMMEN: Mykorrhizapilz von Nadelbäumen, meist von Kiefern, seltener auch von Fichten und Weißtannen; gerne auf trockneren, flechtenreichen, sauren Sandböden und Silikatgestein. Der Kiefernsteinpilz ist weit verbreitet und vom Flachland bis ins höhere Bergland zu finden. In der nördlichen Tiefebene ist er nur sporadisch vorkommend.

WISSENSWERTES: Den Kiefernsteinpilz kann man kaum mit anderen Röhrlingen verwechseln. In sandigen Kiefernwäldern ist er oft in größerer Zahl zu finden. Es gibt mehrere Steinpilzarten, die sich aber aufgrund ihres Aussehens und Standortes voneinander unterscheiden lassen. Der bittere, ungenießbare **Gallenröhrling** (S. 75) ist an seinen oliven Farben und seiner rosafarbenen Röhrenschicht gut erkennbar.

Flockenstieliger Hexenröhrling

Boletus erythropus

Speisewert:
Guter Speisepilz.

Auch gut zum Trocknen geeignet.

Sammelzeit:
August bis Oktober.

Geeignete Rezepte:
Seite 22, 28, 31, 36, 40, 53, 66, 67, 72

MERKMALE: **Hut** bis etwa 20 cm breit; gewölbt, polsterförmig; Oberfläche wildlederartig samtig-feinfilzig; feucht schwach schmierig; dunkel kastanienbraun, bisweilen mit olivgrünem Ton. **Poren** jung sehr eng, rundlich, dunkelrot, an Druckstellen rasch blau verfärbend; Röhren blass olivgelb, später olivgrünlich, ebenfalls blauend. **Stiel** bis 15 cm lang und bis 4 cm dick; meist fast zylindrisch, bisweilen auch keulig; auf gelblichen Grund dicht feinflockig, rötlich punktiert (keine Netzzeichnung!). **Fleisch** fest, gelb bis satt gelb, etwas marmoriert, im Schnitt sofort dunkelblau anlaufend. Geruch und Geschmack angenehm.

Ähnliche Art:
Kennzeichen des **Satanspilzes** sind der polsterförmige, grau gefärbte Hut, die roten Poren und der rotgeflammte Stiel.

VORKOMMEN: Mykorrhizapilz von Nadel- und Laubbäumen, vor allem von Fichten und Tannen, bevorzugt auf sauren Böden. Weit verbreitet, vom Flachland bis in höhere Lagen vorkommend, aber nur gebietsweise häufig.

WISSENSWERTES: Der Pilzname führt auf das starke Blauen zurück, das durch eine Reaktion mit dem Luftsauerstoff entsteht, und so manchen Pilzsucher abschreckt. Im Kochvorgang verfärben sich die Pilzstücke fast schwarz. Sein naher Verwandter, der ebenfalls essbare, aber weniger schmackhafte **Netzstielige H.**, *B. luridus*, unterscheidet sich durch seine netzartige Stielzeichnung, außerdem wächst er im Laubwald auf kalkhaltigen Böden. Verwechslungen mit dem giftigen **Satanspilz**, *B. satanas* (Bild links), würden zu schweren Verdauungsbeschwerden führen; er riecht meist stark unangenehm, wie alte Socken.

Maronenröhrling

Xerocomus badius

Speisewert:
Guter Speisepilz.

Als Einzel- oder Mischgericht verwendbar, zum Trocknen geeignet.

Der Maronenröhrling ist ein typischer Herbstpilz.

Sammelzeit:
September bis November.

Geeignete Rezepte:
Seite 22, 28, 32, 36, 53, 56, 66, 67, 69, 72

MERKMALE: **Hut** bis etwa 15 cm breit; gewölbt, polsterförmig; Oberfläche trocken wildlederartig samtig-feinfilzig; feucht etwas schmierig; hell rotbraun bis dunkel kastanienbraun. **Poren** und Röhren jung sehr eng, eckig, blassgelb; älter olivgelb bis schmutzig olivgrün; an Druckstellen grünbläulich verfärbend. **Stiel** bis 12 cm lang und bis 4 cm dick; meist fast zylindrisch, bisweilen auch bauchig; gelbbräunlich, mit dunkel eingewachsenen Längsfasern. **Fleisch** fest, weißgelblich, unter der Huthaut etwas bräunlich, im Schnitt mehr oder weniger blau verfärbend. Geruch unbedeutend, Geschmack angenehm.

VORKOMMEN: Mykorrhizapilz von Nadel- und Laubbäumen, meist aber von Fichten und Kiefern; auf sauren Böden. Weit verbreitet und mancherorts ein Massenpilz, vom Flachland bis in höhere Lagen vorkommend.

WISSENSWERTES: Der Maronenröhrling gehört zu den Pilzarten, die radioaktives Cäsium in besonders hohen Mengen aufnehmen. Auf einem übermäßigen Genuss sollte daher verzichtet werden.

Verwechslungen sind mit anderen essbaren Filz-Röhrlingen wie beispielsweise dem **Rotfußröhrling,** *X. chrysenteron* oder der **Ziegenlippe,** *X. subtomentosus,* sowie einem jungen, sehr bitter schmeckenden **Gallenröhrling** (S. 75) möglich.

Birkenpilz

Leccinum scabrum

Speisewert:
Guter Speisepilz.

Auch zum Trocknen geeignet.

Bei feuchter Witterung sind besonders ältere Pilze schwammig!

Sammelzeit:
August bis Oktober.

Geeignete Rezepte:
Seite 20, 22, 29, 36, 60, 67, 69, 77

MERKMALE: **Hut** bis etwa 15 cm breit; halbkugelig, polsterförmig; Oberfläche matt bis fast glatt; hellgraubraun bis dunkelbraun. **Poren** jung sehr eng, rund, weiß; älter schmutzig weiß. Röhren älter nach unten vorgewölbt, am Stiel ausgebuchtet und leicht vom Hutfleisch ablösbar. **Stiel** bis etwa 17 cm lang und bis 3 cm dick; meist gleichmäßig dick, manchmal basal verdickt; auf weißlichem Grund mit graubraunen bis schwärzlichen, rauen Schuppen bedeckt, oben manchmal längsstreifig-netzig. **Fleisch** weißlich, unveränderlich; älter eher weich, im Stiel aber hart, faserig. Geruch und Geschmack unauffällig.

VORKOMMEN: Mykorrhizapilz der Birken, auf eher trockenen Böden. Auch in Laub- und Nadelwäldern, aber stetes unter Birken. Weit verbreitet und bis in höhere Lagen vorkommend.

WISSENSWERTES: Es sollten nur junge, festere Pilze gesammelt werden, ältere Pilze nehmen sehr viel Wasser auf und sind dadurch schwammig weich. Die Stiele bleiben aber fest und faserig. Es gibt eine große Zahl verschiedener Birkenpilzarten. Verwechslungen sind hier möglich, aber ungefährlich, da in dieser Gruppe keine giftigen Arten bekannt sind. Zur Unterscheidung dient u. a. neben dem Standort auch die Verfärbung des Fleisches oder die Farbe der Stielbasis.

Birken-Rotkappe, Heide-Rotkappe

Leccinum versipelle

Speisewert:
Guter Speisepilz.

Auch zum Trocknen geeignet.

Die dunkle Verfärbung des Fleisches bleibt auch beim Kochen erhalten!

Sammelzeit:
August bis Oktober.

Geeignete Rezepte:
Seite 20, 22, 28, 31, 36, 43, 44, 53, 66, 67, 72

MERKMALE: **Hut** bis etwa 20 cm breit; halbkugelig, polsterförmig; Oberfläche matt bis fast glatt; feucht schwach schmierig. **Poren** jung eng, rund, weißgrau; älter schmutzig grau mit gelblichen Tönen. Röhren älterer Pilze nach unten vorgewölbt, am Stiel ausgebuchtet und leicht vom Hutfleisch ablösbar. **Stiel** bis etwa 20 cm lang und bis 3,5 cm dick; zylindrisch, manchmal abwärts verdickt; auf weißlichem Grund mit braunen bis schwärzlichen, rauen Schuppen bedeckt; außen auf Druck erst rosa, dann blaugrün verfärbend. **Fleisch** schmutzig weiß, später lila bis bis schwach weinrot anlaufend, in der Stielbasis blaugrün, alt fast schwarz. Geruch und Geschmack unauffällig.

VORKOMMEN: Mykorrhizapilz der Birken, in Heidelandschaften, auf eher trockenen Böden. Weit verbreitet, in Nordeuropa häufig, bis in höhere Lagen vorkommend.

WISSENSWERTES: Es sollten nur jüngere Pilze mit festen Hüten gesammelt werden, ältere Pilze sind meist schwammig weich, die Stiele bleiben aber festfaserig. Es gibt mehrere Rotkappenarten. Verwechslungen sind also möglich, aber ungefährlich, da in dieser Gruppe keine giftigen Arten bekannt sind. Zur Unterscheidung dienen neben dem Standort (Mykorrhizapartner) auch die Färbung des Stieles, der Stielschuppen und die Verfärbung des Fleisches.

Butterpilz

Suillus luteus

Speisewert:
Guter Speisepilz.

Zum Trocknen weniger geeignet.

Die schleimige Huthaut sollte vor der Zubereitung abgezogen werden.

Sammelzeit:
Juli bis November.

Geeignete Rezepte: Seite 22, 32, 44, 53, 63, 67

MERKMALE: **Hut** bis etwa 13 cm breit; gewölbt; Oberfläche trocken glatt, eingewachsen faserig, glänzend; feucht schleimig, schmierig; hell bis dunkelbraun, seltener gelbbraun. **Poren** und Röhren jung sehr eng, gelblich; älter olivgelb, selten mit milchigen Tröpfchen besetzt. **Stiel** bis 7 cm lang und bis 2 cm dick; meist fast zylindrisch; Spitze gelblich, dunkler punktiert; unterhalb des häutigen, weißlichen bis violettbraunen Rings bräunlich violett. **Fleisch** eher weich, weißgelblich. Geruch unbedeutend, Geschmack säuerlich.

Ähnliche Art: Kennzeichen des **Goldröhrlings** sind sein schmieriger, gelber Hut und der Ring am Stiel.

VORKOMMEN: Mykorrhizapilz von 2-nadeligen Kiefern wie Wald- und Schwarzkiefer, besonders auf sandigen, nährstoffarmen Böden. Weit verbreitet und mancherorts häufig vorkommend.

WISSENSWERTES: Der Butterpilz gilt als guter Speisepilz. Doch werden hin und wieder gewisse Unverträglichkeitserscheinungen wie Verdauungsbeschwerden bekannt. Aus manchen Gegenden wird von Funden des Butterpilzes unter Fichte und Lärche berichtet. Verwechslungen sind mit anderen essbaren, beringten Schmier-Röhrlingen möglich, wie beispielsweise dem **Beringtem Zirbenröhrling**, *S. sibiricus,* der im Gebirge unter Zirbel-Kiefern wächst und dem **Goldröhrling**, *S. grevillei* (Bild links), der nur unter Lärchen vorkommt.

Violetter Rötelritterling

Lepista nuda

Speisewert:
Guter Speisepilz.

Der parfürmierte Geruch verliert sich beim Kochen.

In kalten Salaten kommt die violette Färbung besonders zur Geltung.

Sammelzeit:
Oktober bis November.

Geeignete Rezepte:
Seite 16, 17, 29, 35, 54, 59, 60

MERKMALE: Hut bis etwa 15 cm breit; gewölbt; Rand nach unten gebogen, später abgeflacht, kahl; feucht etwas speckig, kräftig violettblau bis braunviolett; trocken verblassend. Lamellen ausgebuchtet, relativ eng stehend, mit kürzeren Lamellen untermischt; jung schön violett, älter lilabräunlich. Stiel bis 10 cm lang, bis 3 cm dick, schlank, auch keulig bis stark knollig, längsfaserig; heller hutfarben, Basis violettfilzig. Fleisch jung violett, feucht marmoriert; älter blasser. Geruch auffällig aromatisch, wie parfümiert.

VORKOMMEN: Streuzersetzer in Laub- und Nadelwäldern, oft an humusreichen Stellen; meist gesellig, in Reihen oder Ringen. Weit verbreitet und örtlich sehr häufig.

WISSENSWERTES: Der Violette Rötelritterling ist ein typischer Pilz des Spätherbstes. Durch seine glatte Beschaffenheit wird er manchmal auch als Nackter Ritterling bezeichnet. Den Schmutzigen Rötelritterling, *Lepista sordida,* könnte man als seinen kleinen Bruder bezeichnen; er riecht etwas mehlartig und wächst gerne an Rändern von modernden Grashaufen; er gilt ebenso als essbar. Unerfahrene Pilzsucher können ihn mit dem als essbar geltenden Dunkelvioletten Dickfuß, *Cortinarius violaceus* (Bild rechts) verwechseln, er ist in Laub- und Nadelwäldern zu finden.

Ähnliche Art:
Der Dunkelviolette Dickfuß besitzt einen grob-samtigen Hut, seine Lamellen sind später rostbraun bestäubt; er riecht stark leder-, zedernholzartig.

Parasol, Riesenschirmling

Macrolepiota procera

Speisewert:
Guter Speisepilz.

Meist werden die Hüte paniert und gebraten. Eignet sich wegen der wattigen Konsistenz nicht für Mischgerichte.

Nicht zum Trocknen geeignet.

Sammelzeit:
Juli bis November.

Geeignete Rezepte:
Seite 27

MERKMALE: Hut bis etwa 30 cm breit; jung fast kugelförmig, älter gewölbt bis flach ausgebreitet; mit stumpfem Buckel; jung bräunlich schuppig, später auf cremeweißem Grund braunschuppig aufbrechend; Mitte einheitlich glatt. Lamellen frei, untermischt, breit, bauchig; weiß, älter bräunlich. Stiel bis etwa 40 cm lang und bis 2 cm dick, Basis breitknollig; braun genattert; Ring dickhäutig, flockig, verschiebbar. Fleisch relativ wattig weich; weiß; im Stiel längsfaserig, pelzig ausgestopft bis hohl; Geruch und Geschmack angenehm nussartig.

VORKOMMEN: Streuzersetzer, vorwiegend in Laub- und Nadelwäldern, in der Laub- und Nadelstreu, einzeln wachsend. Weit verbreitet und örtlich häufig.

WISSENSWERTES: Die Riesenschirmlinge *Macrolepiota* umfassen etwa 15 mittelgroße bis große Arten mit schuppigen, weißen, ockerfarbenen oder braunen Hüten und freien, weißen Lamellen. Bei zumindest einer rötenden Art wurde über Magen-Darm-beschwerden berichtet. Der gerne an Waldrändern wachsende, essbare Safranschirmling, *M. rachodes* ist kleiner als der Parasol, sein Stiel glatt und sein Fleisch läuft safranfarben an.

Schopftintling, Spargelpilz

Coprinus comatus

Speisewert:
Guter Speisepilz.

Der zarte Pilz braucht nur eine kurze Garzeit und schmeckt als einzelnes Pfannengericht am besten.

Sammelzeit:
Juli bis November

MERKMALE: bis etwa 15 cm hoch, bis 6 cm breit, langglockig über dem Stiel sitzend; weiß; faserig, mit groben, abstehenden, leicht bräunlichen Schuppen bedeckt; sich vom Rand her bald rosa verfärbend, schließlich aufbiegend und tintenartig zerfließend. Lamellen dicht gedrängt; zunächst weiß, dann vom Hutrand her rosa verfärbend (Bild rechts), schließlich mehr und mehr schwarz werdend und mit dem Hut zerfließend. Stiel bis 20 cm lang, bis 1,5 cm dick, schlank, fast zylindrisch, mit konischer Spitze; weiß; glatt bis längsfaserig; hohl. Fleisch zart, geruchlos.

VORKOMMEN: Streuzersetzer, einzeln bis in großer Zahl in Rasenflächen, Feldern, Gärten, an Wegrändern und in Wäldern; auch auf nährstoffreichen Böden. Weit verbreitet und örtlich häufig.

WISSENSWERTES: Beim Sammeln vom Schopftintling dreht man einfach die Hüte ab. Der spargelartig aussehende Stiel verbleibt am Standort; er findet wegen der holzigen Beschaffenheit in der Küche kaum Verwendung. Dieser Pilz kann wegen seiner auffallenden Erscheinungsform kaum beim Sammeln verwechselt werden. Der Faltentintling, *C. atramentarius,* ist durch seinen grauen, längsfaltigen Hut gekennzeichnet. Achtung: Er kann in Zusammenhang mit Alkoholgenuss starke allergische Reaktionen hervorrufen.

Darauf achten:
Vom Schopftintling werden nur die Hüte mit weißen Lamellen gesammelt! Die Lamellen werden sehr rasch rosa und zerfließen tintenartig.

Kleiner Waldchampignon

Agaricus silvaticus

Speisewert:
Guter Speisepilz.

In der Küche vielseitig verwendbar, in Einzel- oder in Mischgerichten.

Sammelzeit:
August bis Oktober.

▮ Geeignete Rezepte:
Seite 13, 19, 23, 29, 51, 52, 53, 54, 61, 72

▮ Ähnliche Art:
Der Braune Zuchtegerling ist festfleischig und hat einen angenehmen nussartigen Geschmack.

▮ **MERKMALE:** Hut bis etwa 10 cm breit; halbkugelig; älter gewölbt bis fast ausgebreitet; relativ dünnfleischig; ocker- bis dunkelbraun; eingewachsen faserig, dicht anliegend feinschuppig; Rand oft häutig überstehend. Lamellen frei, dicht stehend, unterschiedlich lang; jung hell graurosa, älter purpurbraun. Stiel bis 12 cm lang, bis 2 cm dick, zylindrisch, die Basis schwach knollig; weiß bis rosafarben, bei Verletzung rötend, später verfärbt er sich bräunlich; mit hängendem, häutigem, weißem, bräunlich gerandetem Ring. Fleisch weißlich, im Schnitt rasch rötend; Geruch angenehm.

▮ **VORKOMMEN:** Streuzersetzer, vorwiegend in Nadel-, seltener in Laubwäldern; an verbuschten Waldrändern in der Nadelstreu; einzeln oder büschelig wachsend. Weit verbreitet und häufig.

▮ **WISSENSWERTES:** Verwechslungen mit anderen wild wachsenden braunhütigen Champignon-Arten sind möglich. Man achte hier auf eine Gelbverfärbung der Stielbasis und einen unangenehmen, karbolartigen Geruch: diese Arten gelten als giftig. Verwechslungen mit den giftigen Knollenblätterpilzen sind auszuschließen, wenn man auf die weißen Lamellen und die knollige, bescheidete Stielbasis achtet. Die weiß- oder braunhütigen Zuchtegerlinge, *Agaricus bisporus* (Bild links), werden weltweit in großen Mengen gezüchtet und fast überall preisgünstig angeboten.

Wiesenchampignon

Agaricus campestris

Speisewert:
Guter Speisepilz.

In der Küche vielseitig verwendbar, in Einzel- oder in Mischgerichten.

Sammelzeit:
Juli bis Oktober.

Geeignete Rezepte:
Seite 13, 19, 23, 29, 51, 52, 53, 54, 61, 72

MERKMALE: **Hut** bis etwa 12 cm breit; halbkugelig; älter gewölbt bis ausgebreitet; glatt bis etwas angedrückt schuppig; Rand oft häutig behangen; weiß, oft mit rosabräunlicher Tönung. **Lamellen** frei, relativ dicht stehend, breit, unterschiedlich lang; jung zart bis kräftig rosa, älter schokoladenbraun; Schneiden weißlich bewimpert. **Stiel** bis 10 cm lang, bis 2 cm dick, fast zylindrisch, Basis verjüngt; weiß, manchmal rosa überhaucht, mit hängendem, häutigem, weißem Ring, der bisweilen abfällt. **Fleisch** weiß, am Anschnitt höchstens schwach rosa anlaufend; Geruch angenehm frisch.

VORKOMMEN: Auf Wiesen und Weiden, auf Pferdekoppeln, auf nährstoffreichen aber nicht mit Kunstdünger überdüngten Wiesen; einzeln oder büschelig wachsend, oft in Reihen und Ringen. Besonders nach trockenen, warmen Perioden mit nachfolgenden Regenfällen. Weit verbreitet und fast überall vorkommend.

WISSENSWERTES: Zu den Champignons zählen mehr als 70 Arten mit weißen, gelblichen oder braunen Hutfarben, manche röten oder gilben. Die Lamellen sind nicht am Stiel angewachsen, also frei; jung fast weiß, aber bald rosa und älter dunkelbraun. Manche Champignon-Arten gehören zu den häufigsten Zuchtpilzen und werden weltweit angeboten. Verwechslungen mit dem giftigen **Karbolegerling**, *A. xanthoderma* (Bild rechts), führen bei Verzehr zu Magen-Darmbeschwerden.

Ähnliche Art:
Die Stielbasis des **Karbolegerlings** wird angeschnitten chromgelb und riecht karbolartig.

Dunkler Hallimasch

Armillaria ostoyae

Speisewert:
Essbar, ergiebige Speisepilze.

Ungenügend gekocht können Hallimascharten Verdauungsbeschwerden hervorrufen. Kochwasser weggießen!

Sammelzeit:
September bis November

Geeignete Rezepte:
Seite 59

MERKMALE: Hut bis etwa 10 cm breit; jung gewölbt, bald verflachend, oft etwas nieder-gedrückt oder hochgebogen; Rand meist deutlich gerieft und mit Flocken behangen; auf braunem Grund dunkelbraun sparrig schuppig; Mitte dichter. Lamellen angeheftet, dicht stehend, sehr unterschiedlich lang; cremeweiß, rotbraun fleckend. Stiel bis 10 cm lang, bis 2 cm dick, Basis bisweilen verdickt; oberhalb des häutig-filzigen, braunrandigen Rings weiß, abwärts bräunlich; faserig bis flockig-schuppig. Fleisch jung weiß, älter rosa-bräunlich; Geruch angenehm; Geschmack nach einiger Zeit im Rachen kratzend.

VORKOMMEN: Parasitisch und holzzersetzend an lebenden und toten Nadelbäumen, meist in dichten Büscheln an Fichtenstümpfen und Wurzeln. Weit verbreitet und oft ganze Wälder durchziehend.

Ähnliche Art:
Der Honiggelbe Hallimasch ist an seinen gelben Farben und dem gelbrandigem Ring gut zu erkennen.

WISSENSWERTES: Es gibt sechs verschiedene Hallimascharten, alle sind schwere Forstschadpilze. Die Unterscheidung zwischen den einzelnen Arten ist oft recht schwierig. Der Honiggelbe-Hallimasch, *A. mellea* (Bild links), ist eine Laubholzart. Von Hallimasch-Pilzen sollten nur die frischen Hüte gesammelt werden: ältere sind, je nach Wetterlage angegammelt und häufig in den Lamellen von kleinen, schwarzen Käfern befallen; die Stiele sind faserig-zäh. Hallimasch-Arten eignen sich besonders zu einem kalten, sauren Pilzsalat. Diese Pilze nie roh verzehren!

Samtfußrübling

Flammulina velutipes

Speisewert:
Guter Speisepilz.

Eignet sich besonders zu einer delikaten Pilzsuppe zubereitet! Es werden nur die Hüte gesammelt!

Sammelzeit:
Oktober bis April

Geeignete Rezepte:
Seite 70, 71, 72

MERKMALE: Hut bis etwa 6 cm breit; jung gewölbt, später abgeflacht; feucht ziemlich schmierig bis etwas klebrig; trocken glatt; honig- bis orangegelb, am Rand etwas heller. Lamellen gerade oder leicht ausgebuchtet angewachsen, etwas entfernt stehend; sehr unterschiedlich lang; dünn; weißlich, später cremegelblich. Stiel bis 8 cm lang, bis 1 cm dick, schlank, zäh-faserig, bald hohl; Spitze hellgelb bis rötlichbraun, abwärts dunkelbraun bis fast schwarz samtig. Fleisch weich; weiß bis leicht gelblich; Geruch angenehm; Geschmack mild.

VORKOMMEN: Holzzersetzend an geschädigten und toten Laubbäumen; oft dicht büschelig an Weidenstümpfen, gerne an Bach- und Flussläufen und in Auwäldern. Weit verbreitet und häufig.

WISSENSWERTES: Es gibt noch vier weitere Samtfußrüblinge, als Speisepilze kommen diese nicht in Betracht; so z. B. der Hauhechel-Samtfußrübling, *F. ononidis*, er wächst, wie der Name schon sagt, auf den Wurzeln des Dornigen Hauhechels; und der Sommer-Samtfußrübling, *F. fennae*, der weiße Lamellen besitzt. Verwechslungen mit anderen büschelig wachsenden Pilzen sind, wenn man auf den dunkelbraun-samtigen Stiel des Samtfußrübling achtet, kaum möglich. Der giftige Grünblättrige Schwefelkopf, *Hypholoma fasciculare* (Bild rechts), wächst an Nadel- und Laubholz.

Ähnliche Art:
Kennzeichnend für den Grünblättrigen Schwefelkopf sind seine gelbgrünen Farben und sein glatter Stiel.

Reifpilz, Zigeuner

Rozites caperatus

Speisewert:
Guter Speisepilz.

In der Küche vielseitig verwendbar, in Einzel- oder in Mischgerichten.

Sammelzeit:
September bis Oktober.

Geeignete Rezepte:
Seite 16, 17, 29, 36, 53, 54, 60

MERKMALE: **Hut** bis etwa 10 cm breit; halbkugelig bis fast eiförmig; älter flach gewölbt bis ausgebreitet; matt; Rand oft radialrunzelig, trocken eingerissen; strohgelb bis ockergelblich; Mitte meist weißlich bis blass violett überzogen, wie bereift. **Lamellen** angewachsen, unterschiedlich lang, relativ dicht stehend, oft gewellt; Schneiden gekerbt; jung blass gelblich, älter schwach ocker. **Stiel** bis 15 cm lang, bis 2 cm dick, faserig; Spitze weiß faserschuppig, abwärts blass cremebeige, mit gelblichen Fasern überzogen; häutig, fetzenartig beringt; vollfleischig bis markig hohl. **Fleisch** weißlich, in der Stielrinde blass strohfarben; Geruch unauffällig.

VORKOMMEN: Mykorrhizapilz in Laub- und Nadelwäldern; auf sauren oder zumindest oberflächlich versauerten Böden, in Moospolstern, oft zwischen Heidelbeersträuchern. Weit verbreitet und an den entsprechenden Standorten meist in größerer Zahl vorkommend.

Ähnliche Art:
Der **Weiße Risspilz** ist mehr kegelhütig, seine Lamellen sind engstehend und grau-bräunlich, er riecht spermatisch.

WISSENSWERTES: Der Reifpilz gehört allerdings zu den Pilzarten der, standortbedingt, verhältnismäßig viel radioaktives Caesium aufnimmt. Aufgrund neuerer wissenschaftlicher Untersuchungen wird er jetzt zu den **Haarschleierlingen,** *Cortinarius,* gezählt. Verwechslungen sind unter Umständen mit größeren Risspilz-Arten möglich. Der sehr giftige **Weiße Risspilz,** *Inocybe fibrosa* (Bild links), wächst in Laub- und Nadelwäldern.

Rotbrauner Riesenträuschling

Stropharia rugosoannulata

Speisewert:
Guter Speisepilz.

In der Küche vielseitig verwendbar.

Sammelzeit:
Juni bis Oktober.

Geeignete Rezepte:
Seite 16, 17, 29, 36, 53, 54, 60

MERKMALE: Hut bis etwa 20 cm breit; halbkugelig; älter flacher gewölbt; fleischig; feucht fettig; trocken glatt, schuppig-felderig aufbrechend; grau- bis rotbraun, bisweilen weinrötlich überfasert. Lamellen angewachsen, fast gedrängt, unterschiedlich lang; jung hellgrau, dann grauviolettlich, alt schwarzviolett; Schneiden weiß, fein gekerbt. Stiel bis etwa 15 cm lang, bis 2,5 cm dick, leicht keulig; Spitze weiß, fein gerieft; Ring häutig, weiß, vom Sporenstaub bald dunkelbraun gefärbt; abwärts hellgelblich überfasert; Basis mit dicken, weißen Myzelsträngen verbunden. Fleisch weiß; Geruch schwach rettichartig; Geschmack manchmal etwas zusammenziehend.

VORKOMMEN: Streuzersetzer. Der Rotbraune Riesenträuschling stammt ursprünglich aus Amerika, wo er wild vorkommt. Bei uns ist er ein beliebter Zuchtpilz und man kann ihn jetzt auch auf Feldern und in Gärten, auf nährstoffreichen und mit Pflanzenresten durchsetzten Böden finden.

WISSENSWERTES: Dieser große, fleischige und ergiebige Pilz ist ein beliebter Zuchtpilz, der problemlos auf Stroh und Strohballen gezüchtet werden kann. Ungenügend erhitzt, kann er bei empfindlichen Personen, Verdauungsbeschwerden hervorrufen. Früher wurde er als sogenannte Braunkappe vermarktet und so von Verbrauchern irrtümlich als Maronenröhrlinge angesehen.

Austernseitling

Pleurotus ostreatus

Speisewert:
Guter Speisepilz.

In der Küche vielseitig verwendbar, in Einzel- oder in Mischgerichten.

Austernpilze sind eine Alternative zu frischen Waldpilzen.

Sammelzeit:
Oktober bis Dezember.
März bis April.

Geeignete Rezepte:
Seite 13, 19, 51, 60

Darauf achten:
Typisch für den Austernseitling sind die hellen, am Stiel herablaufenden Lamellen.

MERKMALE: Hut bis etwa 20 cm breit; halbkreis-, muschelförmig; Oberseite glatt, kahl, seidenmatt bis etwas glänzend; schwärzlich-violett bis schiefergraublau, oft aber auch dunkel graubraun, violettbraun oder nur grau. Lamellen am Stiel herablaufend, relativ dichtstehend, unterschiedlich lang und in Stielnähe queraderig verbunden; cremeweiß. Stiel kurz und kräftig, bis 3 cm dick; meist seitlich angesetzt; die Basis oft striegelig-filzig überzogen; schmutzig cremeweiß. Fleisch fest; jung zart, später zäh und faserig; weiß. Geruch angenehm, manchmal schwach fischartig; Geschmack mild.

VORKOMMEN: Der Austernseitling ist ein Holzzersetzer und Schwächeparasit an Laub-, seltener an Nadelholz; er wächst meist in dichtgedrängten Büscheln muschelförmig übereinander. Er ist weit verbreitet und man findet seine Fruchtkörper meist in den kühleren Jahreszeiten: im Herbst und in milden Wintern, auch im Frühjahr.

WISSENSWERTES: Von dieser Art gibt es einige Varietäten, eine davon kann man in den Sommermonaten auch in Laubwäldern finden. Der Berindete Seitling, *P. dryinus,* ist weißlich gefärbt, seine Lamellen laufen am Stiel sehr weit herab, sein Fleisch ist sehr faserig-zäh und er wächst parasitisch an lebenden Laub- und Nadelbäumen. Austernseitlinge werden in großen Mengen gezüchtet, so auf Buchen- und Pappelholz, Stroh und anderen pflanzlichen Untergrund. Sie sind eine Alternative zu frischen Waldpilzen.

Shiitake, Tongku, Pasaniapilz

Lentinula edodes

Speisewert:
Guter Speisepilz.

In der Küche vielseitig verwendbar, in Einzel- oder in Mischgerichten.

Eignet sich sehr zum Trocknen.

Sammelzeit:
Fast das ganze Jahr über erhältlich.

Geeignete Rezepte:
Seite 29, 51, 60, 64, 71

MERKMALE: **Hut** bis etwa 20 cm breit; jung halbkugelig, später gewölbt; Rand nach unten eingerollt, oft faserig behangen; beigefarben bis dunkel rotbräunlich; Oberseite eingewachsen faserig und mit hellen, vergänglichen Flocken besetzt. **Lamellen** am Stiel etwas herablaufend, relativ dichtstehend; Schneiden wellig gezähnelt; jung weißlich, älter fleischbräunlich. **Stiel** kräftig, bis 2 cm dick, manchmal exzentrisch angesetzt; grob faserig bis wollig besetzt; weißlich bis bräunlich. **Fleisch** fest; weiß, unter der Huthaut bräunlich; im Stiel etwas zäh; Geruch aromatisch, pilzartig; Geschmack angenehm, würzig.

VORKOMMEN: Der Shiitake lebt einzeln oder gesellig wachsend auf absterbendem und totem Laubholz. Dieser Pilz stammt aus dem ostasiatischen Raum und wächst dort wild auf dem sogenannten Pasania-Baum, *Castanopsis cuspidata.* Der Shiitake kommt in Mitteleuropa nicht wildwachsend vor, er ist aber auf gut sortierten Märkten fast überall erhältlich.

WISSENSWERTES: Der Shiitake ist weltweit neben den Champignons der am häufigsten kultivierte Pilz. Er wird bevorzugt auf Buche, Eiche. Esskastanie, Ahorn und Walnuss, aber auch auf Holzhäckseln und Spezialsubstraten angebaut. Bekannt ist dieser Pilz in der fernöstlichen Medizin und dient dort auch unter anderem zur Unterstützung des Immunsystems. In seltenen Fällen kann sein Genuss eine allergische Hautreaktion hervorrufen.

Drauf achten:
Der braune Hut des **Shiitakepilzes,** sowie sein Hutrand, sind meist mit weißen Flöckchen besetzt.

Frauentäubling

Russula cyanoxantha

Speisewert:
Guter Speisepilz.

In der Küche vielseitig verwendbar, in Einzel- oder in Mischgerichten.

Sammelzeit:
Juli bis Oktober.

Geeignete Rezepte:
Seite 16, 17, 22, 29, 36, 53, 54, 60

MERKMALE: Hut bis etwa 15 cm breit; gewölbt, bald flacher bis niedergedrückt; glatt; feucht etwas schmierig; meist verschiedenfarbig: blau- bis grünlila, grauviolett; Huthaut weit abziehbar, darunter schwach violett. Lamellen angewachsen, mäßig gedrängt; weich, biegsam; weißlich. Stiel bis 7 cm lang, bis 2 cm dick; kahl; weiß, manchmal lila überhaucht. Fleisch fest, im Stiel manchmal kammerartig; weiß; Geruch unauffällig; Geschmack mild, angenehm.

Ähnliche Art:
Kennzeichen des Spei-Täublings sind der hellrote Hut, die weißen, weichen Lamellen, der weiße Stiel und das brüchige Fleisch.

VORKOMMEN: Der Mykorrhizapilz ist vor allem in Laubwäldern und Parkanlagen zu finden, besonders unter Buchen und Eichen; gerne auf besseren Böden. Weit verbreitet.

WISSENSWERTES: Dieser wohlschmeckende Täubling ist leider oft von Schnecken stark angefressen. Täublinge besitzen in der Regel spröde Lamellen, d. h. diese brechen leicht, mandelsplitterartig ab. Einige Täublinge haben aber weiche, anschmiegsame Lamellen, zu denen der Frauen- und auch der Speisetäubling gehören. Viele Täublinge enthalten bitter bis sehr scharf schmeckende, harzige Substanzen, die giftig wirken können und daher für Speisezwecke ungeeignet sind; oft besitzen rothütige Arten diese Eigenschaften. Der giftige Spei-Täubling, *R. emetica* (Bild links), gehört mit seinen verwandten Arten dazu.

Speisetäubling

Russula vesca

Speisewert:
Guter Speisepilz.

In der Küche vielseitig verwendbar, in Einzel- oder in Mischgerichten.

Sammelzeit:
Juli bis Oktober.

Geeignete Rezepte:
Seite 16, 17, 22, 29, 36, 53, 54, 60

MERKMALE: Hut bis etwa 12 cm breit; gewölbt, bald flacher bis niedergedrückt; glatt; feucht etwas schmierig; fleischfarben bis rosabräunlich, oft mit hellerer Mitte und rostfleckig; Huthaut abziehbar, darunter schwach rosa. Lamellen angewachsen, mäßig gedrängt; weich, etwas biegsam; weißlich, oft rostfleckig. Stiel bis etwa 7 cm lang, bis 2 cm dick; kahl; weiß, manchmal mit gelblichem Schimmer; Basis bräunlich fleckend. Fleisch fest, fast hart; im Stiel manchmal kammerartig; weiß; Geruch unauffällig; Geschmack mild, angenehm.

VORKOMMEN: Mykorrhizapilz in Laub- und Nadelwäldern, oft unter Buchen und Fichten, auf neutralen bis leicht sauren Böden.

WISSENSWERTES: Leider ist dieser wohlschmeckende Täubling, wie der Frauentäubling, oft von Schnecken stark angefressen. Die Bestimmung der meisten Täublinge erfordert sehr viel Erfahrung – bis auf wenige Arten, zu denen die beiden hier dargestellten gehören. Manchmal wird eine Geschmacksprobe empfohlen: alle mild schmeckenden Täublinge sind essbar, alle scharf schmeckenden nicht. Nur leidet nach wiederholtem Testen das Geschmacksempfinden und die Zunge brennt langanhaltend: also nur die Täublinge sammeln, die man wirklich kennt!

Fichtenreizker

Lactarius deterrimus

Speisewert:
Guter Speisepilz mit harzigem Geschmack.

Als einzelnes Pfannengericht hervorragend geeignet.

Sammelzeit:
September bis November

Geeignete Rezepte: Seite 54

MERKMALE: Hut bis etwa 10 cm breit; gewölbt mit eingebogenem Rand, später flacher bis trichterförmig; glatt; feucht schmierig; meist konzentrisch gezont; gelbbräunlich oder hell orange bis safranfarben; grünlich bis graugrünlich verfärbend; älter verblassend. Lamellen angewachsen, dicht stehend; orangefarben, dunkelgrün fleckend. Stiel bis etwa 5 cm lang, bis 1,5 cm dick; älter hohl, kahl; wie der Hut gefärbt; an der Spitze oft weinrötlich, grünlich verfärbend. Fleisch brüchig; weißlich, unter der Huthaut und in der Stielrinde orange, älter grünend; Geruch fruchtartig; Geschmack irgendwie harzig; Milch orangerot, mild bis leicht bitter.

Ähnliche Art:
Kennzeichen des Edel-Reizker sind der orangerötliche, konzentrische gezonte Hut und der grubige Stiel.

VORKOMMEN: Mykorrhizapilz in Nadelwäldern, meist unter Fichten, in jüngeren Fichtenbeständen oft Massenpilz; auf kalkhaltigen und sauren Böden.

WISSENSWERTES: Dieser Massenpilz ist besonders bei warmer Witterung oft von Maden der Pilzmücken stark befallen, es empfiehlt sich daher den Stiel möglichst in Hutnähe abzuschneiden und auf Befall zu kontrollieren, andernfalls kann man zu Hause eine böse Überraschung erleben. Es gibt eine Reihe von sogenannten Reizkern mit orange- bis weinroter Milch, die alle essbar sind. Bei der Unterscheidung ist der Mykorrhizapartner hilfreich, so ist der Edel-Reizker, *L. deliciosus* (Bild links), unter Kiefern auf neutralen bis kalkhaltigen Böden zu finden.

Milchbrätling

Lactarius volemus

Speisewert:
Guter Speisepilz mit würzig-harzigem Geschmack.

Eignet sich mit seiner festen Konsistenz für Misch- und Pfannengerichten.

Zum Trocknen sind Milchlinge nicht geeignet.

Sammelzeit:
August bis Oktober.

Geeignete Rezepte:
Seite 54

MERKMALE: Hut bis etwa 10 cm breit; gewölbt, später flacher; Mitte bisweilen vertieft; Randsaum schmal eingebogen; matt; anfangs feinsamtig, später verkahlend, glatt, oft konzentrisch rissig; einheitlich orangebraun. Lamellen angewachsen, dicht stehend, unterschiedlich lang, schmal; cremeweiß bis cremegelb, rotbräunlich fleckend und reichlich milchige Tröpfchen ausscheidend. Stiel bis etwa 10 cm lang, bis 2,5 cm dick; vollfleischig, fest, trocken, kahl; blasser als der Hut gefärbt, bräunlich fleckend. Fleisch fest; weiß; Geruch heringsartig; Geschmack mild, etwas kratzend; Milch reichlich fließend; mild, weiß, langsam bräunlich verfärbend.

VORKOMMEN: Mykorrhizapilz in Laub- und Nadelwäldern, besonders unter Buchen und Eichen, aber auch unter Nadelbäumen; auf neutralen, lehmigen, bis schwach sauren Böden; einzeln bis gesellig wachsend. Weit verbreitet, mancherorts stark rückläufig.

WISSENSWERTES: Dieser bekannte Milchling ist in den letzten Jahren seltener geworden. Besonders in südlichen Regionen kommt der ebenfalls essbare Runzeliggezonte Milchling, *L. rugatus,* vor; sein Hut ist stärker rotorange gefärbt und runzelig, ihm fehlt der starke Heringsgeruch.

Pfifferling, Reherl

Cantharellus cibarius

Speisewert:
Guter Speisepilz mit unverkennbarem Aroma.

Getrocknet eignet er sich nur zur Herstellung von Pilzpulver, ansonsten bleibt er nach dem Einweichen relativ hart.

Sammelzeit:
August bis Oktober.

Geeignete Rezepte:
Seite 14, 16, 22, 40, 52, 53, 54, 56, 69

MERKMALE: Hut bis etwa 10 cm breit; jung gewölbt, bald unregelmäßig trichterförmig; Rand mehr oder weniger wellig verbogen; glatt; matt; dottergelb, hin und wieder heller oder auch nur sehr blass gelblich gefärbt. Leisten herablaufend, unregelmäßig, wellig, gegabelt, am Grund queraderig verbunden, wie der Hut gefärbt. Stiel bis 6 cm lang, bis 2 cm dick; voll; oben konisch erweitert, in den Hut übergehend; blassgelb. Fleisch kompakt, im Stiel ziemlich faserig; blassgelb; Geruch kräftig würzig; Geschmack mild bis leicht pfefferig scharf.

VORKOMMEN: Mykorrhizapilz in Laub- und Nadelwäldern, einzeln aber auch oft in größeren Gruppen in Laub- und Nadelstreu, an moosigen oder grasigen Stellen, gerne zwischen Heidelbeeren; auf mehr oder weniger sauren Böden. Der Pfifferling ist weit verbreitet und örtlich häufig.

Ähnliche Art:
Der Falsche Pfifferling besitzt einen feinsamtigen Hut und dünne, schmale Lamellen.

WISSENSWERTES: Eine Unsitte ist es, winzige, kaum 1 cm große Pilzchen, sogenannte *Schusternagerl,* aus der Nadelstreu zu ernten. Wenn man mit der gebotenen Sorgfalt und Umsicht sammelt, sind Verwechslungen mit giftigen Arten kaum möglich. Verwechslungen mit dem tödlich giftigen Orangefuchsigen Raukopf, *Cortinarius orellanus,* beruhen auf leichtfertigem Sammeln. Der ungenießbare, orange-lachsfarbene Falsche Pfifferling, *Hygrophoropsis aurantiaca* (Bild links), besitzt keine Leisten sondern Lamellen!

Totentrompete

Cratherellus cornucopioides

Speisewert:
Guter Speisepilz mit aromatischem Geschmack.

Sehr gut zum Trocknen geeignet und zur Herstellung von Pilzpulver.

Sammelzeit:
September bis November.

Geeignete Rezepte:
Seite 16, 22, 25, 40, 52, 53, 54, 56, 69

MERKMALE: **Hut** bis etwa 10 cm breit und hoch; tief trichterförmig und in der Mitte in den Stiel hinein hohl; ziemlich dünnfleischig; Rand mehr oder weniger wellig-flatterig verbogen; eingewachsen feinfaserig bis fast samtig-schuppig; graubraun bis schwarzbraun. **Unterseite** beinahe glatt erscheinend, ein wenig runzelig oder undeutlich längsaderig; braungrau bis aschgrau, älter schwärzlich. **Stiel** kurz, oben konisch erweitert, in den Hut übergehend, hohl, wie der Hut gefärbt. **Fleisch** sehr dünn, zerbrechlich, grau bis grauschwarz. Geruch unbedeutend; Geschmack mild, etwas würzig.

VORKOMMEN: Mykorrhizapilz in Laubwäldern, unter Buchen und Eichen; wächst einzeln oder büschelig, oft in größeren Gruppen; gerne in Laubstreu, auf lehm- oder kalkhaltigen Böden. Er ist weit verbreitet und örtlich sehr häufig.

WISSENSWERTES: Im Spätherbst sind die schwarzgrau gefärbten Trichter im dichten Falllaub nicht so leicht zu entdecken, aber aufgrund seines manchmal massenhaften Auftretens ein ergiebiger Speisepilz. Durch trockene Wetterperioden, Frostnächte und nasse Tage beginnen die Pilze langsam zu verschimmeln. Diesen Pilzen sieht man ihr fortgeschrittenes Alter und ihre Konsistenz oft nicht an. Alte Exemplare sollten nicht mehr gesammelt werden. Der essbare und ähnlich gefärbte **Graue Pfifferling,** *C. cinereus* (Bild rechts), ist in der Regel kleiner und weniger häufig.

Ähnliche Art:
Kennzeichen des **Grauen Pfifferlings** ist seine leistenartig ausgebildete Außenseite (Fruchtschicht).

Semmelstoppelpilz

Hydnum repandum

Speisewert:
Guter Speisepilz.

Im Geschmack manchmal etwas bitter.

Sehr gut zum Trocknen und zur Herstellung von aromatisch-würzigem Pilzpulver geeignet.

Sammelzeit:
August bis November.

Geeignete Rezepte:
Seite 22, 29, 54, 60

MERKMALE: Hut bis etwa 15 cm breit; jung gewölbt, bald unregelmäßig ausgebreitet, verbogen, gerunzelt-höckerig; Rand oft wellig eingebogen; festfleischig; matt; glatt bis feinfilzig; blass semmelgelb bis hell orangegelb. Stacheln ungleichmäßig lang, dicht beieinander stehend, vom Hut ablösbar, leicht absplitternd, weißgelblich, etwas gilbend bräunend. Stiel bis 8 cm lang, bis 3 cm unregelmäßig dick; voll; oben manchmal erweitert; schmutzig weißgelblich, ein wenig bräunend. Fleisch kompakt, fest, brüchig, weißlich; Geruch schwach fruchtig; Geschmack mild, manchmal aber auch etwas brennend oder bitter.

VORKOMMEN: Mykorrhizapilz in Nadel- und Laubwäldern; einzeln, aber auch oft in großen Gruppen unter Fichten in Nadelstreu, an moosigen Stellen und in der Laubstreu; meist auf kalkhaltigen Böden. Der Semmelstoppelpilz ist weit verbreitet und häufig.

WISSENSWERTES: Es gibt mehrere Semmelstoppelpilzarten, die man aufgrund ihrer Färbung und dem Gilben oder Nichtgilben, sowie des Standortes voneinander trennen kann. Für den Speisepilzsammler ist diese Auftrennung ohne Belang, da alle essbar sind. Weitere Verwechslungen mit anderen Pilzarten sind eigentlich nicht möglich.

Habichtspilz

Sarcodon imbricatus

Speisewert:
Essbar, mit würzigem Geschmack.

Zur Herstellung von aromatischem Pilzpulver für Soßen und Fleischgerichte und in nicht zu großen Mengen für Mischgerichte geeignet.

Sammelzeit:
August bis Oktober.

Geeignete Rezepte:
Seite 22, 29, 54, 60

MERKMALE: Hut bis etwa 30 cm breit; jung gewölbt, älter leicht trichterförmig; Rand oft wellig eingebogen, typisch grob felderig, abstehend schuppig; rehbraun bis dunkelbraun, alt fast schwarzbraun. Stacheln ungleichmäßig lang, dichtstehend, vom Hut ablösbar, bei Berührung leicht absplitternd; jung blass weißbräunlich, älter graubraun bis braun. Stiel kurz und kräftig; bis 8 cm lang, bis 2,5 cm dick; voll; schmutzig weißbräunlich, etwas bräunend. Fleisch fest, brüchig, weißlich, bräunlich anlaufend; Geruch angenehm würzig (maggiartig); Geschmack mild, besonders älter mehr oder weniger bitter.

VORKOMMEN: Mykorrhizapilz in Nadelwäldern; einzeln, aber auch oft in großen Gruppen unter Fichten in Nadelstreu, an moosigen oder grasigen Stellen; auf mehr oder weniger sauren Böden. Der Habichtspilz ist eher in höheren Lagen weit verbreitet und örtlich häufig.

WISSENSWERTES: Wenn man auf die schuppige bis grobschuppig abstehende Hutbeschaffenheit sowie die Wuchsform achtet, ist eine Verwechslungsgefahr mit anderen Stachelpilzarten, die aufgrund ihres ausgeprägt bitteren oder scharfen Geschmacks ungenießbar sind, relativ gering. Der ungenießbare Gallenstacheling, *Sarcodon scabrosus,* besitzt einen meist glatten Hut und eine blaugrüne Stielbasis.

Krause Glucke

Sparassis crispa

Speisewert:
Guter Speisepilz.

Als Einzelgericht zubereitet, entfaltet sie am besten ihren würzig-harzigen Geschmack.

Sammelzeit:
August bis September.

Geeignete Rezepte:
Seite 16, 17, 22, 25, 39, 66

MERKMALE: Fruchtkörper bis etwa 45 cm breit und 25 cm hoch, sie erinnern an einen groben Naturschwamm. Aus einem scheinbar im Boden steckenden, weißen Strunk, der aber immer mit dem Stamm oder Wurzeln verbunden ist, entwickeln sich zahlreiche verzweigte, gekräuselte und eng verflochtene Verästelungen. Die Oberflächen sind glatt; weißrosa bis rosabräunlich gefärbt; die Ränder werden älter braun. Fleisch elastisch, wachsartig; cremefarben. Geruch angenehm; Geschmack mild, etwas würzig-harzig.

VORKOMMEN: Wurzelparasit und Braunfäuleerreger an Kiefern oder Kiefernwurzeln; in älteren Kiefernbeständen bis in montane Lagen; oft auf sandigen Böden und kann noch einige Jahre um die Stümpfe herum wachsen.

WISSENSWERTES: Aufgrund seiner Struktur verbergen sich in der Krausen Glucke oft Kleinlebewesen, Sand und Nadeln, die eine intensive Reinigungsarbeit erfordern.

Verwechslungen sind, wenn man nicht auf den Standort achtet, mit der ebenfalls essbaren, aber seltenen Breitblättrigen Glucke, *S. brevipes* (Bild links), möglich. Dieser schonenswerte Pilz ist an Laubbäumen und Weißtannen zu finden.

Ähnliche Art:
Die Verästelungen der Breitblättrigen Glucke sind breiter, blattartig und wellig.

Riesenbovist

Langermannia gigantea

Speisewert:
Essbar, solange das Fleisch noch weiß ist.

Kann wie Schnitzel gebraten werden.

Nicht zum Trocknen geeignet.

Sammelzeit:
August bis Oktober.

Geeignete Rezepte: Seite 27

MERKMALE: Fruchtkörper bis etwa 60 cm groß und bis 20 kg schwer, meistens sind sie aber wesentlich kleiner. Der Fruchtkörper ist relativ dünnschalig und bereits bei leichtem Druck kann seine eierschalenartige, glatte Außenhaut brechen; jung ist sie rein weiß, bald cremegelblich bis bräunlich. Das weiße Fleisch ist jung fest, später wird es weich und verfärbt sich langsam olivbräunlich. Bei den reifen Fruchtkörpern blättert die Außenhaut langsam ab und gibt die watteartige, später pulverige Sporenmasse frei. Geruch des jungen Fleisches unauffällig, älter unangenehm harnartig; Geschmack mild.

VORKOMMEN: Substratzersetzend auf relativ stickstoffreichen Wiesen und Weiden, in Gärten und Parkanlagen, auch in Laubwäldern an krautigen Stellen. Weit verbreitet und mancherorts häufig.

WISSENSWERTES: Dieser große Pilz kann kaum mit anderen Arten verwechselt werden. Der viel kleinere, mit spitzen, abwischbaren Warzen besetzte Flaschenstäubling, *Lycoperdon perlatum* (Bild rechts), ist in Laub- und Nadelwäldern zu finden; er ist essbar solange sein Inneres rein weiß ist.

Ähnliche Art:
Der Flaschenstäubling erinnert an eine umgedrehte, dickbauchige Flasche.

Speisemorchel

Morchella esculenta

Speisewert:
Guter Speisepilz mit feinem Aroma.

Gut zum Trocknen, als Einzelgericht und für Pilzpulver geeignet.

Sammelzeit:
März bis Mai.

Geeignete Rezepte:
Seite 16, 39, 47, 49

MERKMALE: Fruchtkörper bis etwa 20 cm hoch. Hut rundlich oval, wabenartig gekammert, Rippen stumpf, mit Stegen verbunden, am unteren Rand mit dem Stiel verwachsen; schwach ockergelb, die Stege sind oft rostfleckig. Stiel weiß, kleiig, nach unten hin oft angeschwollen und etwas runzelig, innen hohl. Fleisch brüchig, im Stiel hohl; weiß; Geruch fast etwas parfümiert, schwach seifenartig; Geschmack mild.

VORKOMMEN: Substratzersetzend in Laubwäldern; gerne unter Eschen, an Bachrändern, in Auwäldern, an Wegrändern; in Parkanlagen an grasigen und krautreichen, lehmigen Stellen. Weit verbreitet und stellenweise häufig.

WISSENSWERTES: Da die Pilze hohl sind, müssen sie auf unerwünschte Bewohner hin untersucht werden. Es ist noch nicht gelungen Morcheln zu züchten. Es gibt eine Reihe von Morchelarten, die der Speisemorchel sehr ähnlich sehen können und alle als essbar gelten. In letzter Zeit ist über leichte Vergiftungserscheinungen nach Morchelgenuss berichtet worden, worauf diese zurückzuführen sind, ist unklar.

Spitzmorchel

Morchella conica

Speisewert:
Guter Speisepilz mit feinem Aroma.

Gut zum Trocknen geeignet.

Sammelzeit:
März bis Mai.

Geeignete Rezepte:
Seite 16, 39, 47, 49

MERKMALE: Fruchtkörper bis etwa 35 cm hoch. Hut kegelförmig, länglich oval bis rundlich; Scheitel spitz bis abgerundet; wabenartig gekammert; Rippen stumpf, senkrecht durchlaufend, mit Stegen waagrecht verbunden; am unteren Rand mit dem Stiel verwachsen; jung hell graubräunlich, später braun, olivbraun bis fast schwarz. Stiel weiß, kleiig; nach unten zu oft angeschwollen und etwas runzelig; innen hohl. Fleisch brüchig, im Stiel hohl; weiß; Geruch fast unauffällig; Geschmack mild.

VORKOMMEN: Substratzersetzend in Laub- und Nadelwäldern; gerne in Fichtenwäldern auf kalkhaltigem Untergrund, an Wegrändern, in Parkanlagen, auf Holzlagerplätzen und mit Rindenmulch überdeckten Rabatten. Weit verbreitet. Je nach Witterung bereits zu Frühlingsanfang und bis in den Mai hinein zu finden.

WISSENSWERTES: Da die Pilze hohl sind, schon beim Sammeln auf unerwünschte Bewohner hin untersuchen. Die Morcheln besitzen und entwickeln ein feines Aroma, deshalb ist es schade ihn mit intensiven Gewürzen, wie beispielsweise mit Knoblauch anzurichten. Die giftige Frühjahrs-Lorchel, *Gyromitra esculenta* (Bild rechts), ist meist in sandigen Nadelwäldern, gern unter Kiefern zu finden.

Ähnliche Art:
Die giftige Frühjahrs-Lorchel besitzt einen hirnartig gewundenen, wachsbraunen Hut.

Sommertrüffel

Tuber aestivum

Speisewert:
Essbar.

Nicht zum Trocknen geeignet.

Sammelzeit:
Juli bis Oktober.

Geeignete Rezepte:
Seite 57

MERKMALE: Fruchtkörper bis etwa 10 cm groß; unregelmäßig kugelig oder knollig; dicht mit 5- bis 6-eckigen, pyramidenförmigen Warzen bedeckt; dunkelbraun bis schwarzbraun. Fruchtschicht (innen) bräunlich, mit weißen Adern wie marmoriert durchzogen. Geruch jung kaum wahrnehmbar, älter zunehmend aromatisch, oft unangenehm stechend. Geschmack mild, fade bis nussartig.

VORKOMMEN: Mykorrhizapilz in wärmebegünstigten Laubwäldern, auf kalkhaltigen Böden, vorzugsweise unter Eichen, Buchen, Hainbuchen und Haselnusssträuchern; unterirdisch wachsend, bei Reife teilweise aus dem Boden herausragend. Weit verbreitet, nördlich der Alpen nur vereinzelt vorkommend. Frühsommer und Herbst bis Spätherbst.

WISSENSWERTES: Über den Speisewert gehen die Meinungen weit auseinander, manche bezeichnen den Geschmack als fade, andere wiederum bezeichnen ihn als ausgesprochen aromatisch. Obwohl der Geschmack dieser Trüffel unterschiedlich beurteilt wird, erfreut sie sich großer Beliebtheit. Teilweise, so auch in Italien werden diese Pilze sehr teuer gehandelt und zweifellos oft unwissenden Käufern als echte Schwarze Trüffeln oder Perigordtrüffeln, Tuber melanosporum, angeboten. Diese sündhaft teuren Trüffeln sind äußerlich der Sommertrüffel sehr ähnlich, im Inneren aber tief schwarz und weiß marmoriert.

Holunder-Judasohr

Auricularia auricula-judae

Speisewert:
Essbar.

Die Pilze werden gerne von Maden befallen. Sammelgut entsprechend kontrollieren!

Sammelzeit:
Man kann ihn fast das ganze Jahr hindurch finden.

Geeignete Rezepte:
Seite 70

MERKMALE: Fruchtkörper bis etwa 10 cm groß; muschel- bis ohrförmig oder schüsselartig; gelappt und verdreht; ältere Pilze besitzen oft einen geschrumpften schwarzen Rand; Außenseite feinsamtig, flaumig, matt; rotbraun, manchmal mit olivfarbenen Tönen; älter bisweilen violettgrau; Innenseite glatt, glänzend, oft etwas geadert. Fleisch dünn; gallertartig, biegsam elastisch bis etwas knorpelig; bräunlich. Geruch unauffällig; Geschmack mild, etwas kühlend.

VORKOMMEN: Holzzersetzend und parasitisch wächst er meist an Schwarzem Holunder, aber auch an anderen Laubhölzern wie der Buche kann der Pilzsammler ihn finden; einzeln oder in Gruppen wachsend. Das Judasohr ist in Mitteleuropa weit verbreitet.

WISSENSWERTES: Bei Trockenheit schrumpfen die Fruchtkörper des Judasohrs ein, um bei genügend Feuchtigkeit wieder aufzuleben und die normale Größe anzunehmen. Das Judasohr ist in der chinesischen Küche wohlbekannt und wird in Suppen, Reis- und Nudelgerichten verwendet. Dort wird er auch im großen Stil gezüchtet und als sogenannter Mu-Err-Pilz vermarktet. Verwechslungen sind unter Umständen mit dem ungenießbaren Gezonten Ohrlappenpilz, *Auricularia mesenterica* (Bild rechts), möglich.

Ähnliche Art:
Die Oberseite des Gezonten Ohrlappenpilzes ist stark striegelig-filzig.

Literatur

Dähncke, Rose Marie: Pilzesammlers Kochbuch. Die besten Speisepilze sicher bestimmen und schmackhaft zubereiten. Gräfe und Unzer, München.

Flammer, René/Horak, Egon: Giftpilze – Pilzgifte. Erkennung und Behandlung von Pilzvergiftungen. Franckh'sche Verlagshandlung, Stuttgart.

Garnweidner, Edmund: Pilze. Bestimmen, Kennenlernen, Sammeln. Gräfe und Unzer, München.

Gerhardt, Ewald: Der große BLV Pilzführer für unterwegs. BLV Buchverlag, München.

Gerhardt, Ewald: Pilze. Entdecken und erkennen. BLV Buchverlag, München.

Grünert, Helmut/Grünert, Renate: Pilze (Steinbachs Naturführer). Eugen Ulmer-Verlag, Stuttgart.

Horak, Egon: Röhrlinge und Blätterpilze in Europa. Elsevier GmbH, München.

Labhardt, Felix/Lohmeyer, Till Reinhard: Faszination Pilze. Blick in eine rätselhafte Welt. BLV Buchverlag, München.

Laux, Hans E.: Der große Kosmos Pilzführer. Alle Speisepilze mit ihren giftigen Doppelgängern. Franckh-Kosmos Verlag, Stuttgart.

Pätzold, Walter/Laux, Hans E.: Das 1mal1 des Pilzesammelns. Franckh-Kosmos Verlag, Stuttgart.

Schmid, H./Helfer, W.: Pilze. Wissenswertes aus Ökologie, Geschichte und Mythos. IHW-Verlag, Eching bei München.

Rezepte-Register

Arten-Register

Bildnachweis

Alle Bilder von den Autoren, außer:

Arras, K./StockFood GmbH: 71
Bender, Uwe/StockFood GmbH: 29
Bialy, Dorota i Bogdan/StockFood GmbH: 21, 33
Bischof, Harry/StockFood GmbH: 52, 65
blickwinkel/R. Bala: 77
blickwinkel/J. Fieber: 1
blickwinkel/A. Kosten/J. Kosten: 80
Bonisolli, Barbara/StockFood GmbH: 70
Brauner M./StockFood GmbH: 22, 37, 38
Eising/StockFood GmbH: 62
Foodcollection/StockFood GmbH: 28
FoodPhotogr. Eising/StockFood GmbH: 12, 16, 26, 30, 41, 46, 55, 58, 60
Gabula Art-Foto/StockFood GmbH: 67
Gerhardt, E.: 87o
Kaktusfactory, Ninprapha Lippert/StockFood GmbH: 61
Kerth, Ulrich/StockFood GmbH: 23
Koeb, Ulrike/StockFood GmbH: 73
Kopp, Ulrich/StockFood GmbH: 50
Lehmann, Herbert/StockFood GmbH: 66
Leser Nicolas/StockFood GmbH: 42
Liebenstein, Jana/StockFood GmbH: 24
Medilek, Peter/StockFood GmbH: 48
Newedel, Karl/StockFood GmbH: 19, 53
Polatynska, Beata/StockFood GmbH: 9o
Reinhard: 91, 93o
Rua Castilho/StockFood GmbH: 15, 68
Schwarzwald, Oliver/StockFood GmbH: 17
Shulevsky, Vladimir/StockFood GmbH: 9u
Siepel, Kai/StockFood GmbH: 56
Strauss F./StockFood GmbH: 57
Teubner Foodfoto/StockFood GmbH: 2/3, 45
Thumm Andreas/StockFood GmbH: 34

Über die Autoren

Helmut Grünert ist geprüfter Pilzsachverständiger und Referent der Deutschen Gesellschaft für Mykologie e.V. sowie 2. Vorsitzender des Vereins für Pilzkunde München e.V.
Renate Grünert ist geprüfte Pilzsachverständige der DGfM und leitet die Pilzberatungsstelle der Stadt München. Seit vielen Jahren geben beide ihr Wissen und ihre langjährigen Erfahrungen zum Themenkreis Pilze durch Vorträge, bei Exkursionen, in der Pilzberatung, durch Fernseh- und Radiosendungen und Bücher weiter.

Bibliografische Information der Deutschen Nationalbibliothek

Die Deutsche Nationalbibliothek verzeichnet diese Publikation in der Deutschen Nationalbibliografie; detaillierte bibliografische Daten sind im Internet über http://dnb.d-nb.de abrufbar.

BLV Buchverlag GmbH & Co. KG
80797 München

Umschlagkonzeption:
Kochan & Partner, München

Umschlagfotos:
Vorderseite: photo cuisine/Riou;
Rückseite: Teubner Foodfoto/
StockFood GmbH

Lektorat: Dr. Friedrich Kögel,
Christina Redmer
Herstellung: Hermann Maxant
Layoutkonzept Innenteil: griesbeck-design, München
DTP: Satz + Layout Peter Fruth GmbH, München
Gedruckt auf chlorfrei gebleichtem Papier
Printed in Germany
ISBN 978-3-8354-0795-4

Hinweis
Die in diesem Buch enthaltenen Empfehlungen und Angaben sind mit größter Sorgfalt zusammengestellt und geprüft worden. Wer Pilze isst, handelt jedoch auf eigene Verantwortung, da Autoren und Verlag weder etwaige individuelle Unverträglichkeiten noch die Sammelgewohnheiten des Einzelnen kennen. Verlag und Autoren tragen keinerlei Verantwortung für Fehlbestimmungen durch den Leser dieses Buches. Generell sollte bedacht werden, dass Pilze schwer verdaulich sind. Sie sollten, falls nichts anderes angegeben ist, stets gekocht, gebraten oder in anderer Weise gegart verzehrt werden. Auch sollte man wissen, dass Pilze mit Schwermetallen und, besonders nach der Katastrophe von Tschernobyl, mit radioaktivem Caesium belastet sein können.